构建更高水平的全民健身公共服务体系

GOUJIAN GENGGAO SHUIPING DE QUANMIN JIANSHEN GONGGONG FUWU TIXI

国家发展改革委社会发展司
国家体育总局政策法规司 | 编著 |

中国计划出版社
· 北京 ·

图书在版编目（CIP）数据

构建更高水平的全民健身公共服务体系 / 国家发展改革委社会发展司，国家体育总局政策法规司编著. -- 北京 : 中国计划出版社，2021.12 (2022.5重印)
ISBN 978-7-5182-1367-2

Ⅰ. ①构… Ⅱ. ①国… ②国… Ⅲ. ①全民健身－公共服务－研究－中国 Ⅳ. ①G812.4

中国版本图书馆CIP数据核字(2021)第226046号

组稿编辑：李　陵　朱　冰
责任编辑：赵超霖　　　　封面设计：锋尚设计
责任校对：杨奇志　谭佳艺　　责任印制：李　晨　赵文斌

中国计划出版社出版发行
网址：www.jhpress.com
地址：北京市西城区木樨地北里甲11号国宏大厦C座3层
邮政编码：100038　电话：（010）63906433（发行部）
北京汇瑞嘉合文化发展有限公司印刷

787mm×1092mm　1/16　14.5印张　161千字
2021年12月第1版　2022年5月第3次印刷

定价：65.00元

编 委 会

前　言

全民健身是全体人民增强体魄、健康生活的基础和保障，是全方位、全周期保障人民健康的关键环节。习近平总书记指出，要紧紧围绕满足人民群众需求，统筹建设全民健身场地设施，构建更高水平的全民健身公共服务体系。党的十九届五中全会提出，完善全民健身公共服务体系，并把建成体育强国作为基本实现社会主义现代化的远景目标。

党的十八大以来，全民健身国家战略深入实施，全民健身场地设施明显改善，群众性体育赛事活动繁荣发展，全民健身参与程度不断提高，人民群众生活方式更加文明健康，全民健身公共服务体系基本建立。但是，全民健身公共服务总量不足、布局不优、载体不新、质量不高、社会力量参与不充分等问题仍然存在，发展不平衡不充分的矛盾较为突出。

进入新发展阶段，人民群众的体育健身需要日益增长，内涵不断丰富，层次不断提升。构建更高水平的全民健身公共服务体系，是顺应人民对高品质生活期待的内在要求，是体育强国建设的重要基石，对推进健康关口前移、促进人的全面发展和社会全面进步、建设社会主义现代化强国、实现中华民族伟大复兴的中国梦具有重要意义。

为贯彻落实党中央、国务院决策部署，按照2021年中央全面深化改革任务要求，国家发展改革委、国家体育总局研究起草了《关于构建更高水平的全民健身公共服务体系的意见》(以下简称《意见》)。2021年11月，《意见》经中央全面深化改革委员会审议通过。2021年12月，中共中央办公厅、国务院办公厅印发了《意见》，并发出通知，要求各地区各部门结合实际认真贯彻落实。

《意见》以习近平新时代中国特色社会主义思想为指导，全面贯彻党的十九大和十九届历次全会精神，坚持以人民为中心，以增强人民体质、提高全民健康水平为根本目的，聚焦习近平总书记提出的“更高水平”的要求，从更灵活的体制机制、更均衡的资源布局、更绿色的健身载体、更丰富的赛事活动、更广泛的群众参与、更科学的运动方式、更浓厚的社会氛围、更强大的要素支撑等8个方面，提出了29项改革措施，推动构建统筹城乡、公平可及、服务便利、运行高效、保障有力的更高水平的全民健身公共服务体系。

为做好《意见》宣传解读工作，国家发展改革委社会发展司、国家体育总局政策法规司组织有关专家，紧扣《意见》精神实质和政策要求，编写了《构建更高水平的全民健身公共服务体系》。全书分为十章，第一章阐述了重大意义、发展环境、总体要求和重点任务，第二章至第九章，分别从完善支持社会力量发展全民健身的体制机制、推动全民健身公共服务能力城乡区域均衡发展、打造绿色便捷的全民健身新载体、构建多层次多样化的赛事活动体系、夯实广泛参与全民健身运动的群众基础、提高全民健身标准化科学化水平、营造人人参与体育锻炼的社会氛围、强化支持全民健身发展的要素支撑等8个方面，对《意见》进行了全方位、立体化的解读，第十章对组织实施提出了操作性建议。为帮助读者深入理解有关要求，本书还以专栏的形式介绍了一批典型案例。案例既有实践内容又有理论剖析，既从思路上启发又从模式上提炼，形成了一批可复制可推广的有益做法，为各地全民健身公共服务体系建设提供示范经验。

本书是深入学习习近平总书记关于体育工作重要论述的阶段性成果，是对《意见》的系统阐释和深入解读，对于指导各地落实《意见》各项要求，深入实施全民健身国家战略，做好“十四五”乃至未来更长一段时期全民健身公共服务体系建设相关工作具有重要的指导借鉴意义。

本书编委会

2021年12月

目　　录

第一章
迈向更高水平的全民健身公共服务

第二章
完善支持社会力量发展全民健身的体制机制

第三章
推动全民健身公共服务能力城乡区域均衡发展

第四章
打造绿色便捷的全民健身新载体

第五章
构建多层次多样化的赛事活动体系

第六章
夯实广泛参与全民健身运动的群众基础

第七章
提高全民健身标准化科学化水平

第八章
营造人人参与体育锻炼的社会氛围

第九章
强化支持全民健身发展的要素支撑

第十章
加强组织实施

后　记

第一章

迈向更高水平的全民健身公共服务

全民健身公共服务是指面向全体人民，以公益性和基础性为导向，满足群众体育健身和运动休闲需求的场地设施、赛事活动、健身指导等产品和服务。构建更高水平的全民健身公共服务体系，是党中央、国务院作出的重大决策部署，是开启全面建设社会主义现代化国家新征程的必然要求，是构建新发展格局的强大动能，是建成体育强国的重要基石，是提高人民健康水平的基础和保障。近年来，全民健身国家战略深入实施，场地设施明显改善，赛事活动繁荣发展，参与程度不断提高，人民群众生活方式更加文明健康，全民健身公共服务体系基本建立。但与人民群众快速增长的多层次、多样化体育健身需求相比，我国全民健身公共服务水平还较低，不平衡不充分的矛盾仍然突出，迫切需要以改革为引领，加快构建更高水平的全民健身公共服务体系。要坚持问题导向和目标导向，着力破解体制机制障碍，优化资源布局，扩大服务供给，提高治理效能，抓紧补短板、强弱项、锻长板、扬优势，实现更灵活的体制机制、更均衡的资源布局、更绿色的健身载体、更丰富的赛事活动、更广泛的群众参与、更科学的运动方式、更浓厚的社会氛围、更强大的要素支撑。

第一节　重大意义

全民健身是人民幸福生活的重要基础，全民健身运动的普及程度是衡量一个国家现代化程度的重要标志。习近平总书记强调，要深入实施全民健身国家战略，提出要紧紧围绕满足人民群众需求，统筹建设全民健身场地设施，构建更高水平的全民健身公共服务体系。当前，我国社会主义现代化建设已进入新发展阶段，构建更高水平的全民健身公共服务体系，对于提高人民群众健康水平、建成体育强国、构建新发展格局、全面建设社会主义现代化国家，具有重大而深远的意义。

一、全面建设社会主义现代化国家的必然要求

党的十九大对实现第二个百年奋斗目标作出分两个阶段推进的战略安排，即到2035年基本实现社会主义现代化，到本世纪中叶把我国建成富强民主文明和谐美丽的社会主义现代化强国。党的十九届五中全会将建成体育强国、健康中国作为基本实现社会主义现代化的远景目标，提出到2035年人的全面发展、全体人民共同富裕取得更为明显的实质性进展，丰富了基本实现社会主义现代化远景目标的内涵。“十四五”时期是我国开启全面建设社会主义现代化国家新征程的第一个五年，构建更高水平的全民健身公共服务体系，是在新的历史起点上开启新征程的重大决策，是顺应人民高品质生活的内在要求，是实现全体人民共同富裕的重要内容，也是建设社

会主义现代化国家的必然要求。

二、构建新发展格局的强大动能

加快构建以国内大循环为主体、国内国际双循环相互促进的新发展格局，是党中央根据我国发展阶段、环境、条件变化，审时度势作出的重大决策，是事关全局的系统性深层次变革。一方面，构建更高水平的全民健身公共服务体系，是把实施扩大内需战略同供给侧结构性改革有机结合的重要举措，既有利于促进体育消费，培育国内需求新的增长点，积蓄经济发展的长久势能，又有利于提高全民健身公共服务供给体系对需求的适配性，形成需求牵引供给、供给创造需求的更高水平动态平衡。另一方面，构建更高水平的全民健身公共服务体系，是实施更大范围、更宽领域、更深层次对外开放的题中之意，既可以广泛利用国际资源丰富全民健身公共服务供给，更好满足国内需求，又可以为世界提供更加广阔的市场机会，深化体育国际合作，提升体育产业发展水平，更好吸引全球资源要素，形成我国参与国际经济合作竞争新优势。

三、建成体育强国的重要基石

体育承载着国家强盛、民族振兴的梦想。体育强则中国强，国运兴则体育兴。习近平总书记指出，体育强国的基础在于群众体育。建成体育强国是一项系统工程，不仅要建成竞技体育强国，也要建成群众体育、竞技体育、体育产业、体育文化相互促进、相得益彰的体育强国。构建更高水平的全民健身公共服务体系，有利于做大做强群众体育，提高经常参加体育锻炼人口比例；有利于普及全民健身运动，扩大运动项目人口，从源头上提升竞技体育综合实力，增强为国争光能力；有利于扩大多层次多样化产品和服务供给，提高体育精神感召力、影响力、凝聚力，传承弘扬中华体育精神。只有构建更高水平的全民健身公共服务体系，才能实现群众体育、竞技体育、体育产业、体育文化协调发展，建成真正的体育强国。

四、提高人民健康水平的基础和保障

发展体育运动，增强人民体质，是我国体育工作的根本方针和任务。习近平总书记指出，全民健身是全体人民增强体魄、健康生活的基础和保障，是每一个人成长和实现幸福生活的重要基础。构建更高水平的全民健身公共服务体系，有利于推动健康关口前移，把预防为主摆在更加突出的位置，促进由“治已病”向“治未病”转变，降低全社会医疗卫生成本，促进全人群、全年龄段、全生命周期的身心健康；有利于让广大人民群众在体育锻炼中享受乐趣、增强体质、健全人格、锻炼意志，推进健康中国建设人人参与、人人尽责、人人共享；有利于丰富人民精神文化生活，提高人民身体素质和健康水平，推动体育成为一种健康生活方式，促进人的全面发展和社会全面进步。

第二节　发展环境

党的十八大以来，以习近平同志为核心的党中央高度重视体育工作，高位谋划推动体育事业改革发展，将全民健身上升为国家

战略，全民健身在制度建设、场地设施、赛事活动、群众参与等方面取得了明显进展，全民健身公共服务体系基本建立。同时也应看到，我国全民健身公共服务不平衡不充分的矛盾仍然突出，总量不足、布局不优、载体不新、质量不高、社会力量参与不充分等问题依然存在。我国进入新的发展阶段，发展基础更加坚实，发展条件深刻变化，构建更高水平的全民健身公共服务体系，面临新的机遇和挑战。

一、全民健身公共服务体系建设取得重大成就

全民健身制度和政策体系更加完善。2012年，党的十八大提出，广泛开展全民健身运动，促进群众体育和竞技体育全面发展。2014年，国务院印发《关于加快发展体育产业 促进体育消费的若干意见》，将全民健身上升为国家战略。2016年12月，国务院全民健身工作部际联席会议制度正式建立，由国家体育总局、中央宣传部、国务院办公厅、国家发展改革委等29个部门和单位组成。此后，省市县逐级建立起全民健身工作联席会议制度，相关统筹协调机制不断健全。2016年6月，国务院印发《全民健身计划（2016—2020年）》，对“十三五”时期落实全民健身国家战略作出了全面部署。2016年10月，中共中央、国务院印发《“健康中国2030”规划纲要》，对推进健康中国建设作出了全面部署，提出完善全民健身公共服务体系、广泛开展全民健身运动的要求，全民健身与全民健康在顶层设计上实现了深度融合。2019年以来，《体育强国建设纲要》《关于加强全民健身场地设施建设 发展群众体育的意见》《全民健身计划（2021—2025年）》等政策文件相继出台，国家已经制定实

施关于健身消费、投融资、税费价格、规划用地、人才培养、就业创业、科技研发、营商环境等一系列支持政策，全民健身制度和政策体系进一步健全完善。

全民健身场地设施大幅增加。近年来，国家充分发挥财政资金引导作用，带动地方和社会力量积极参与全民健身场地设施建设。截至2020年底，全国共有体育场地371.3万个，比2015年增加近1.2倍；体育场地面积约31亿平方米，五年增加近10亿平方米；人均体育场地面积约2.2平方米，比五年前增加了近40%。社会足球场等短板问题突出的领域实现了更快发展，“十三五”时期，全国共新建社会足球场地26 957块，超额完成规划目标任务，我国社会足球场地与“十二五”期末的水平相比增长了4倍。

群众体育赛事活动蓬勃开展。全国示范性群众体育赛事项目“全民健身 活力中国”持续举办，品牌赛事、项目系列赛事和特色赛事活动推动全民健身活动广泛普及。全国新年登高健身活动等传统全民健身品牌活动，以及全国毽球、跳绳比赛及展演等具备广泛群众基础的活动吸引了更大规模的参与者。“九九重阳”全国老年人体育健身展示活动、全国青少年户外体育活动营地夏（冬）令营等活动引领作用不断加强。紧抓筹办冬奥会的契机，“全国大众冰雪季”、全国群众冬季运动推广普及活动蓬勃开展，为“带动三亿人参与冰雪运动”作出重要贡献。社会力量举办大型群众性体育赛事的热情不断高涨，赛事数量和参与人数屡创新高。2019年，全国共举办马拉松规模赛事1 828场次，覆盖了全国31个省（区、市），参加人次超过700万，创造了可观的经济效益。社会力量举办的“业余足球联赛”“谁是球王”“东西南北中羽毛球赛”等品牌赛事活动的影响力不断增强。此外，以全国智能体育大赛为代表的智能在线体育赛事，集健身、娱乐、社交于一体，突破了物理空间和时间限制，正在以新的形态吸引群众关注和参与。

全民健身参与程度不断提高。近年来，随着人民生活水平的不断提高，城乡居民的健身意识显著增强，经常参加体育锻炼人口比例逐年增加，全民健身已成为全社会的共识。2020年底，全国经常参加体育锻炼人数比例达37.2%，与2014年调查相比提高了3.3个百分点。2020年，我国恩格尔系数已降至30.2%，花钱买健康、买时尚、买新鲜成为居民新的消费观念和追求。体育消费是典型的健康消费，受到越来越多人的热爱，体育健身逐步成为人民美好生活需要的重要组成部分。通过全民健身活动的开展，群众身体素质逐步改善，2020年底，我国城乡居民达到《国民体质测定标准》合格以上的人数比例达90%以上。

二、发展不平衡不充分的矛盾仍然突出

全民健身产品服务总量不足。我国全民健身场地设施数量依然不足，人均体育场地面积偏低，特别是群众身边的健身场所有限，制约了全民健身活动的便捷开展。尽管经过“十三五”时期的建设，全国体育场地设施有了较大幅度的增加，但人均体育场地面积与发达国家差距仍然较大。我国全民健身服务水平不高，供给主体发展不充分，尤其是公益性、专业化的体育社会组织较少，运营管理水平和提供服务的能力有待提高。体育赛事活动多样性不够丰富，户外运动还处于成长期，赛事供给明显不足，一些热门马拉松赛事经常出现参赛名额被“秒杀”现象。

全民健身资源布局不优。全民健身场地设施布局与人口总量、结构和变动趋势还不相适应，中西部地区尤其是西部偏远地区布局较少。第六次全国体育场地普查数据显示，东部10省市体育场地数量71.1万个，场地面积9.38亿平方米，占全国的比重分别为43.29%和48.13%，明显高于东部地区占全国40%左右的人口比重；西部12省（区、市）体育场地数量仅为42.6万个，场地面积4.28亿平方米，分别占全国的比重为25.96%和21.96%，明显低于西部地区占全国27%左右的人口比重。中西部地区、基层社区和农村人才较为缺乏，城市群、都市圈内部健身设施共建共享不足，县城健身短板问题突出，群众身边的体育场地、赛事活动、健身指导比较匮乏。

全民健身场地设施载体不新。部分健身场地设施落后、器材单一，有的设施已经损坏无法使用，甚至存在安全隐患。一些地方“场馆思维”的路径依赖仍然存在，仍以建设相对封闭的大型场馆为主，健身步道、体育公园等新型健身空间的开发利用比较滞后，全民健身还没有充分与绿色生态空间相融合。有的地方体育场馆建设贪大求全，建成后没有充分利用，造成了资源的闲置和浪费，难以适应绿色低碳发展要求。全民健身场地设施与5G等新一代信息技术应用结合不够，智能化场地设施较少，智能化应用尚未得到普及，线上化、家庭化健身新场景普及程度还不高，难以满足人民群众多层次、多样化健身需求。

全民健身供给质量不高。大型体育场馆的建设初衷主要是服务于大型赛事活动，部分场馆选址偏远，对群众开放的成本高，导致赛后利用效率较低，当前一些地方仍然热衷于大型体育场馆的建设，忽视人民群众就近就便参与体育锻炼的需求。部分体育场地和设施的使用效率不高，一些具备开放条件的学校、机关和企事业单位的体育设施，由于种种原因未能有效对社会开放，健身资源的共享程度不够。全民健身服务科学化标准化水平亟待提高，专业指导人才队伍缺乏，群众中既存在运动负荷偏低、力量和速度练习跟不上的问题，也存在过度运动、运动损伤的问题。全民健身与全民健康尚未实现深度融合，运动处方普及程度不够，以体育运动康复为特色的医疗机构和专科能力建设滞后，慢性病运动干预项目的科学性和有效性亟待提高。

社会力量参与不充分。体育领域“放管服”改革有待进一步深化，营商环境仍需改善，社会力量参与全民健身还存在诸多制约因素。在支持社会力量举办体育赛事方面，多部门“一站式”服务机制运行不畅，赛事安保服务垄断程度高，服务标准缺位。在资金支持方面，体育企业融资难问题仍然突出，部分地区财政性投入仍显不足，水电气暖价格优惠政策落实难，体育保险产品尚处于空白。在土地保障方面，体育用地十分紧张，用地政策执行难，利用“四荒”（荒山、荒坡、荒沟、荒滩）和城市“金角银边”土地发展全民健身和体育产业缺乏具体执行标准。在体育传媒方面，赛事电视转播渠道单一，上星体育赛事频道较少，体育赛事转播权和版权缺乏法律保护。

三、发展环境面临深刻复杂变化

“十四五”时期是我国全面建设社会主义现代化国家新征程的开局起步期，也是世界百年未有之大变局的加速演进期，发展阶段、发展理念、发展格局，以及需求结构、要素条件正在发生深刻变革，构建更高水平的全民健身公共服务体系面临一系列新机遇和新挑战。

发展阶段在变。我国已成为世界第二大经济体，经济实力、科技实力、综合国力和人民生活水平跃上新的大台阶，全面建成小康社会取得伟大历史性成就，中华民族伟大复兴向前迈出了新的一大步，社会主义中国以更加雄伟的身姿屹立于世界东方。同时，世界百年未有之大变局加速演进，“黑天鹅”和“灰犀牛”事件层出不穷，不稳定性、不确定性明显增加，世界进入动荡变革期。在此背景下，构建更高水平的全民健身公共服务体系，意义更加重大，任务更加艰巨繁重，要充分发挥全民健身对保障人民健康的重要作用，以人民体质的不断增强、全民健康水平的显著提高、人力资本的有效积累，蓄积高质量发展的长久势能，积极应对发展环境的变局。

发展理念在变。创新、协调、绿色、开放、共享的新发展理念，是在深刻总结国内外发展经验教训、深入分析国内外发展大势的基础上提出的，集中反映了我们党对我国经济社会发展规律的新认识，是“十四五”时期经济社会发展必须遵循的重要原则。在此背景下，构建更高水平的全民健身公共服务体系，要完整、准确、全面贯彻新发展理念，切实转变发展方式，推动质量变革、效率变革、动力变革，做到崇尚创新、注重协调、倡导绿色、厚植开放、推动共享，实现更高质量、更有效率、更加公平、更可持续、更为安全的发展。

发展格局在变。党的十九届五中全会提出，要加快构建以国内大循环为主体、国内国际双循环相互促进的新发展格局。这是对"十四五"以及未来更长时间我国经济发展战略、路径作出的重大调整完善，是着眼于我国长远发展和长治久安作出的战略部署。在此背景下，构建更高水平的全民健身公共服务体系，要坚持扩大内需战略基点，充分挖掘国内市场潜力，在推进基本公共服务均等化的基础上，逐步培养人民群众经常性参加体育锻炼的习惯，以创新驱动、高质量供给引领和创造体育健身新需求，提升传统体育消费，培育新型体育消费，发展体育服务消费，增强体育产业对经济发展的支撑作用，推动形成更强大的国内市场。

四、构建更高水平全民健身公共服务体系具备有利条件

全民健身上升为国家战略。党中央、国务院高度重视全民健身工作，以习近平同志为核心的党中央总揽全局，将全民健身上升为国家战略。习近平总书记多次就全民健身相关工作发表重要讲话、作出重要指示批示，对构建更高水平的全民健身公共服务体系作出重大部署，为构建更高水平的全民健身公共服务体系、建设体育强国提供了根本遵循和行动指南，是我们破除制约全民健身发展体制机制障碍、加快补齐短板弱项、更好满足人民群众日益增长的体育健身需求的根本保证。

高质量经济发展提供坚实物质基础。我国经济已进入高质量发展阶段，未来一段时期，仍处于重要战略机遇期，物质基础雄厚，人力资源丰富，市场空间广阔，发展韧性强劲，社会大局稳定，继续发展具有多方面优势和条件，长期向好基础牢、条件好，为全民健身提供了坚实的经济基本面支撑。我国拥有1亿多市场主体和1.7

亿多受过高等教育或拥有各类专业技能的人才，还有包括4亿多中等收入群体在内的14亿人口所形成的超大规模内需市场，正处于新型工业化、信息化、城镇化、农业现代化快速发展阶段，投资、消费需求潜力巨大，全民健身公共服务需求的基础不断扩大。

体育健身逐步融入人民群众日常生活。随着人民生活水平的提高和健康意识的增强，“运动是良医”的观念逐步普及，人民群众参与健身的方式也从被动接受向积极主动参与的方式转变，健身已经不仅仅是一种锻炼方式，更是一种生活方式，体育消费逐渐从运动装备、保健品等实物型消费向注重体验、满足幸福感的多元化服务型消费升级，体育消费的广度和深度不断拓展，已成为一种新潮休闲消费方式。体医融合的健康理念、体教融合的教育理念、体旅融合的休闲理念等日益深化，全民健身新业态不断涌现。特别是新型冠状病毒肺炎疫情“催化”了人民群众对健康、健身的认识，触发了体育消费的“动机”，培育了体育消费的“习惯”，体育已逐渐成为人民群众生活中不可或缺的一部分。

新一轮科技革命和产业变革提供有力支撑。新一轮科技革命突飞猛进，人工智能、互联网、大数据等新兴技术与全民健身相结合，不断孕育新的健身产品，推动服务供给方式发生深刻变革，对人民群众参与体育健身产生了广泛而深刻的影响。传统的竞赛表演、健身休闲、体育制造，正在与数字经济、新零售、新消费、新生活方式等多维变量发生化学反应，不断催生新模式、新业态，推动体育成为赛事、健身、娱乐、咨询、服务等一系列业态相互融合的生态链产业，全民健身的发展逻辑正在发生着变化。这些都为构建更高水平的全民健身公共服务体系提供了重大机遇。

第三节　总体要求

构建更高水平的全民健身公共服务体系，要坚持以习近平新时代中国特色社会主义思想为指导，坚持覆盖全民、公益导向，科学布局、统筹城乡，创新驱动、绿色发展，政府引导、多方参与的基本原则，以改革创新为根本动力，推动全民健身公共服务体系更广参与、更加便利、更为丰富、更有内涵、更具活力。

一、基本思路

坚持党对体育工作的全面领导。以习近平新时代中国特色社会主义思想为指导，深入贯彻党的十九大和十九届历次全会精神，全面贯彻落实习近平总书记关于体育工作的重要论述，统筹推进“五位一体”总体布局和协调推进“四个全面”战略布局，坚持系统观念，立足新发展阶段、贯彻新发展理念、构建新发展格局，加快体育强国建设。

全面落实全民健身国家战略。坚持以人民为中心，以推动高质量发展为主题，以深化供给侧结构性改革为主线，以改革创新为根本动力，落实党中央关于逐步实现全体人民共同富裕的要求，以增强人民体质、提高全民健康水平为根本目的，全面推进健康中国建设，充分发挥全民健身在提高人民健康水平、促进人的全面发展、推动经济社会发展、展示国家文化软实力等方面的重要作用。

推动全民健身公共服务达到新水平。创新体制机制，优化资源布局，打造全民健身新载体，丰富赛事活动，扩大群众参与，提高科学化标准化水平，营造浓厚氛围，完善要素支撑，更好发挥政府作用，激发社会力量积极性，构建统筹城乡、公平可及、服务便利、运行高效、保障有力的更高水平的全民健身公共服务体系，促进人的全面发展和社会全面进步。

二、重要原则

覆盖全民，公益导向。全民健身公共服务具有明显的公益属性，服务对象是全体人民。构建更高水平的全民健身公共服务体系，要健全促进全民健身制度性举措，扩大公益性和基础性服务供给，提高参与度，增强可及性，推动全民健身公共服务体系覆盖全民、服务全民、造福全民。

科学布局，统筹城乡。我国全民健身公共服务城乡区域发展不均衡。构建更高水平的全民健身公共服务体系，要以需求为导向精准匹配资源，引导优质资源向基层延伸、向薄弱地区和群众身边倾斜，加快补齐农村全民健身公共服务短板，对接国家重大区域发展战略，促进全民健身公共服务城乡区域协调发展。

创新驱动，绿色发展。创新是引领发展的第一动力，绿色是指导全民健身发展的重要理念。构建更高水平的全民健身公共服务体系，要把创新作为第一动力，强化资源集约利用和科技支撑，推动体制机制改革和供给方式创新。以绿色生态、经济实用等为导向，把绿色作为鲜明底色，推进健身设施绿色低碳转型，促进全民健身与生态文明建设相结合。

政府引导，多方参与。全民健身既有事业属性，也有产业属性。

政府要发挥保基本、兜底线的作用，推动基本公共服务均等化，坚持尽力而为、量力而行，在加大保障力度的同时，合理引导社会预期，不吊高胃口、不过度承诺，避免掉入“福利陷阱”。充分调动社会力量积极性，发挥市场和单项协会、体育社会组织等作用，推动共建共治共享，形成全民健身发展的长效机制。

三、主要目标

到2025年，更高水平的全民健身公共服务体系基本建立，人均体育场地面积达到2.6平方米，经常参加体育锻炼人数比例达到38.5%，政府提供的全民健身基本公共服务体系更加完善、标准更加健全、品质明显提升，社会力量提供的普惠性公共服务实现付费可享有、价格可承受、质量有保障、安全有监管，群众健身热情进一步提高。到2035年，与社会主义现代化国家相适应的全民健身公共服务体系全面建立，经常参加体育锻炼人数比例达到45%以上，体育健身和运动休闲成为普遍生活方式，人民身体素养和健康水平居于世界前列。

专栏

更高水平的全民健身公共服务体系的关键指标

一、人均体育场地面积

人均体育场地面积是指体育场地的人均占有量，是全民健身公共服务的基础性指标。该指标计算方法是，用机关、事业单位、企业、民办非企业单位、居委会、村委会（不含军队和铁路系统）下属的田径场、游泳场地（包含室外游泳池、室内游泳馆）、足球场、篮球场、排球场、乒乓球场、羽毛球场、冰雪运动场地（包含滑冰场和滑雪场）等各类运动场地的面积之和，除以人口总数。2020年，我国人均体育场地面积达到2.2平方米，较“十二五”末增加了0.63平方米。到2025年，预计我国人均体育场地面积将达到2.6平方米。

二、经常参加体育锻炼人数比例

经常参加体育锻炼人数比例反映人民群众参与体育锻炼的程度和范围，是全民健身公共服务的结果性指标，也是衡量一个国家群众体育发展、国民身体素质、社会文明程度的重要指标。20世纪80年代，我国从国外引进了“体育人口”概念。1997年和2001年开展的群众体育现状调查，采用“体育人口”作为评价我国城乡居民参加体育锻炼程度的指标。但国内对“体育人口”的认识观点各异，未达成广泛共识。2007年，国家体育总局将“经常参加体育锻炼人数比例”作为评价标准，通过入户调查的方式采集数据，计算方法根据全国调查样本各年龄组统计结果，按社会人口总体构成进行标准化换算后，综合统计计算所得。“经常参加体育锻炼”界定为“每周参加3次及以上体育锻炼，每次持续时间30分钟及以上，每次运动强度达到中等及以上”。2007年、2014年和2020年我国共开展了三次全国范围内经常参加体育锻炼人数调查。2020年，我国经常参加体育锻炼人数比例为37.2%。到2025年，预计经常参加体育锻炼人数比例将达到38.5%。

第四节　重点任务

全民健身公共服务分为“全民健身基本公共服务”与“全民健身非基本公共服务”。全民健身基本公共服务是《国家基本公共服务标准》在体育领域服务内容的具体体现，是兜底服务、强制性达标服务，也是政府公共服务职能的底线，由政府负最终责任。全民健身非基本公共服务是基本服务基础之上的升级服务，体现的是多层次、多样化的全民健身公共服务。随着经济社会发展水平和政府保障能力的提高，其范围应逐步扩大，标准应逐步提高，应鼓励引导有条件的地区因地制宜、多措并举地提升全民健身公共服务水平。构建更高水平的全民健身公共服务体系，要坚持问题导向和目标导向，加强前瞻性思考、全局性谋划、战略性布局、整体性推进，着力抓好8个方面重点任务，采取更加有力的举措，使更高水平的全民健身公共服务体系落到实处、变为现实。

一、完善体制机制

体制机制深刻影响着全民健身公共服务的供给内容、供给方式和供给效率。理顺体制机制既可以破解制约全民健身的深层次矛盾问题，又能够激发新活力、释放新动能。我国全民健身组织网络还不完善，基层社区全民健身力量薄弱，全民健身的社会化、市场化程度不足，需要着力完善体制机制。健全全民健身组织网络，推进体育社会组织改革，夯实社区全民健身基础，推动更多竞技体育成果由全民共享。

首先要健全全民健身组织网络，积极稳妥推进体育协会与体育行政机关脱钩，充分发挥全国性单项体育协会在运动项目普及中的积极作用。其次要夯实社区全民健身基础，将全民健身公共服务纳入社区服务体系，通过多种方式配备社会体育指导员，培育基层体育俱乐部和运动协会，引导优质资源下沉社区。最后是推动更多竞技体育成果由全民共享，加大体育部门所属的专业训练场地设施开放力度，加快竞技体育科技成果在全民健身中的应用，建立竞技体育运动队帮扶基层体育组织的工作机制，引导运动员为全民健身服务。

二、推动均衡布局

我国全民健身公共服务资源尚未充分根据人口总量、人口结构和流动趋势优化配置，与不同类型城市、不同城市形态相适应的全民健身发展模式和路径还未形成，全民健身资源空间布局还需进一步优化。

首先要按人口要素统筹资源布局，加大全民健身公共服务资源向基础薄弱区域和群众身边倾斜，进一步与常住人口总量、人口结构、流动趋势相衔接。其次要优化城市全民健身功能布局，分别探索适应超大特大中心城市、大中城市、县城等不同城市类型，以及中心城区、新建城区等不同城市形态的全民健身发展模式和路径。最后要主动对接国家区域发展重大战略，优化全民健身资源空间布局。支持冰雪资源富集地区打造冰雪经济发展高地，高标准建设京张体育文化旅游带，构建户外运动“三纵四横”空间布局。

三、打造全民健身新载体

场地设施是全民健身的载体，是全民健身公共服务体系的重要基础。传统大型体育场馆成本高、耗能大、易闲置、不便民，不适应绿色低碳的发展要求，难以有效满足人民群众体育健身的新需求。

打造绿色便捷的全民健身新载体，首先要打造群众身边的“体育生态圈”，加强新建居住区按标准配建健身设施，构建多层次全民健身网络和城市社区15分钟健身圈。其次要拓展全民健身新空间，建立国家步道体系，推动体育公园建设并拆墙透绿、免费开放，加强冰雪、山地、水上、汽车摩托车、航空等户外运动营地，以及登山道、徒步道、骑行道等设施建设。最后要推进健身设施绿色低碳转型，控制大型综合体育场馆的规模和数量，推广绿色建材和可再生能源，实施节能降本改造，充分利用自然环境打造运动场景。要推动健身场地全面开放共享，努力推动以学校为重点，带动党政机关、事业单位、国有企业与周边居民共享健身空间，做到能开尽开。

四、丰富赛事活动

我国全民健身赛事活动还存在质量不高、层次较少、多样性不够、体系不健全、社会力量参与不足等问题。要加快推进赛事资源的开放、大力培育品牌赛事活动、健全赛事活动安全保障机制等。

首先要支持社会力量举办赛事，公开全国综合性运动和单项体育赛事目录及承接标准，优化体育赛事使用道路、空域、水域、无线电等行政审批流程。推动体育赛事安保服务社会化、市场化、专业化发展。其次要培育品牌赛事活动，建立青少年体育赛事体系，建立足球、篮球、排球业余竞赛体系，加快发展以自主品牌为主的体育赛事体系。开展自然资源向户外运动开放试点，推动户外运动装备器材便利化运输，促进户外运动发展。最后要加强赛事安全管理，建立户外运动安全分级管控体系，分类制定办赛安全标准，加强户外安全知识教育，确保各类赛事活动安全顺利进行。

五、扩大群众参与

我国人民群众参与体育锻炼还不够经常、广泛，尚未形成全人群、全年龄段广泛参与的全民健身氛围。要贯彻落实全龄友好理念，培养终身运动者，提高职工参与度。

首先要落实全龄友好理念，为未成年人、老年人、残疾人参与运动提供便利，保障他们的运动权益。其次要培养终身运动者，深入推进体教融合，让每个青少年较好掌握1项以上运动项目，更好促进青少年身心健康、全面发展。最后要提高职工参与度，按职业类型制定健身指导方案，组织职工开展各类健身活动，发挥工会积极作用，鼓励使用工会经费为职工购买健身服务。

六、提高标准化科学化水平

我国全民健身服务科学化标准化水平亟待提高，全民健身过程中运动负荷偏低、过度运动和损伤严重等问题同时并存。要完善全民健身公共服务标准体系，提高健身运动科学化水平，推进体医融合发展。

首先要完善全民健身公共服务标准体系，制定全民健身公共服务国家标准并定期更新，加强场地设施、器材装备、运动技能、赛事活动、体育培训等领域的标准制修订，建立健全全民健身统计监测制度。其次要提高健身运动专业化水平，发展公益社会体育指导员队伍，完善群众体育教练员职称评审标准。实施国家体育锻炼标准，完善《全民健身指南》。最后要推进体卫深度融合，实施运动促进健康行动计划，推广常见慢性病运动干预方法，倡导运动是良医的理念。

七、营造社会氛围

我国经常参加体育锻炼人数比例仍待进一步提高，人人参与体育锻炼的社会氛围不够浓厚，体育精神的感召力、影响力、凝聚力还不强。营造人人参与体育锻炼的社会氛围，要普及全民健身文化，强化全民健身激励，加大全民健身国际交流。

首先要普及全民健身文化，将全民健身的理念和知识融入义务教育教材，加大全民健身公益广告创作和投放力度，发挥体育明星影响力，传递体育精神。其次要强化全民健身激励，向国家体育锻炼标准和运动水平标准达标者颁发证书，定期发布全民健身活力指数，创建全民运动健身模范市、县。最后要加大全民健身国际交流，以2022年北京冬奥会等国际赛事为契机，加强国际交流合作，共建“冰雪丝路”，共同举办群众性体育赛事，支持中华传统体育项目走出去。

八、完善要素支撑

我国全民健身公共服务体系建设还存在土地供给不足、资金支持不强、专业人才缺乏、科技创新能力较弱、数据要素应用不广、法规制度不健全等问题，亟须提升要素支撑能力。

一是要保障土地供给，合理增加体育用地，盘活城市空闲土地，推进复合利用。二是要拓展资金渠道，加大政府财政投入，鼓励社会力量参与，形成多元投入机制。三是要加强人才培养，壮大全民健身人才队伍，补齐紧缺领域教练员短板。四是要强化科技支撑，支持全民健身科技研发，拓展应用场景。五是要加快数据要素应用，加强全民健身数据资源整合和安全保护，推进全民健身相关数据开放共享，培育全民健身数据经济新产业新业态新模式。六是要强化法制保障，完善体育法规体系，加快修订体育法，完善体育健身执法和监管制度，探索建立企业信息公示制度，加强行业自律。

第二章

完善支持社会力量发展全民健身的体制机制

体制机制深刻影响着全民健身公共服务的供给内容、供给方式和供给效率。近年来，我国全民健身公共服务体制机制改革取得了一定的成绩，但仍然存在体育协会改革不彻底、单位和社区全民健身力量薄弱、全民健身社会化市场化程度不足等问题。要充分认识完善全民健身体制机制的重要意义，科学把握我国体育管理体制的内在要求，清晰明确全民健身体制机制的改革方向，进一步健全全民健身组织网络，深化体育社会组织改革，不断夯实社区全民健身基础，推动更多竞技体育成果实现全民共享。

第一节　我国体育管理体制的历史演变

全民健身体制机制与体育管理体制密切相关。新中国成立以来，我国体育管理体制经历了由竞技体育优先发展，到竞技体育和群众体育协调发展，再到群众体育和竞技体育全面发展的历史性转变，全民健身上升为国家战略，全民健身体制机制的重要性不断凸显。在全民健身公共服务体系建设中，社会力量发挥了越来越重要的作用。要以支持社会力量参与为重点，完善全民健身公共服务体系的体制机制。

一、新中国成立到改革开放前

新中国成立后，我国迅速把发展体育事业摆上议事日程。1949年10月，新中国诞生不到20天，就召开了第一届全国体育工作代表大会。1952年6月，中华全国体育总会正式成立，主要任务是协助政府组织、领导并推进国民体育运动，增进人民身体健康及为国防与生产服务，毛泽东为其题词“发展体育运动，增强人民体质”。同年11月，我国参照苏联经验成立中央人民政府体育运动委员会，各地也陆续建立省（区、市）、市、县体委机构。至此，我国基本建立体委牵头负责、高度集中的体育管理体制，形成了国家办（体委）、部门办（各行业系统）、单位办（机关、企业、厂矿、学校）相结合的组织实施体系。仅1953—1956年，全国就举办了6 000多次县级以上运动会，打破全国纪录1 300多次。十年“文革”期间，体育事业遭到极大破坏，在曲折中艰难发展。

这一阶段，体育事业的发展是我国扔掉“东亚病夫”帽子的有力证明，焕然一新的中国体育像年轻的中华人民共和国一样，开始在世界体育舞台上崭露头角。体育事业在增强人民体质、鼓足国民干劲、改变落后状况、服务外交大局、建设社会主义国家中发挥了积极作用。

专栏 2-1

新中国体育事业三个“第一”

新中国第一次参加奥运会。1952年，第15届奥运会在芬兰赫尔辛基举行。由于那时新中国奥委会尚未得到国际奥委会承认，国内外普遍认为我国无缘这届奥运会。当时，新中国已与东道主芬兰建立外交关系，在芬兰等友好国家的努力下，国际奥委会作出中国大陆和台湾选手均可参加比赛的决议。但由于台湾当局一再阻挠，中华全国体育总会收到邀请电文时，离奥运会开幕仅十几个小时。周恩来总理果断作出批示“要去！”，指示“重要的不在于是否取得奖牌，此去把五星红旗插到奥运会就是胜利”。我国迅速组织了40人的代表团，抵达赫尔辛基时比赛已基本结束。中国代表团直奔奥运村，在广场上迅速集合，举行升旗仪式，以这种形式宣告了新中国的存在。这届奥运会，中国代表团只赶上了男子100米仰泳比赛和最后的闭幕式，其后与芬兰进行了足球和篮球友谊赛。

新中国第一个世界冠军。1957年，受贺龙元帅邀请，容国团从香港罗湖口岸回到祖国内地。随后，容国团在广州参加训练，开始备战第25届世界乒乓球锦标赛，并立下取得冠军的目标。1959年，第25届世乒赛在德国多特蒙德举办，容国团克服伤病困扰，凭借高超的技术和钢铁般的意志，在男子单打比赛中，先后战胜美国、匈牙利等国的乒坛名将，最终赢得了冠军。这是新中国体育史上第一个世界冠军。周恩来总理将容国团夺冠和国庆10周年并列为1959年的两大喜事，并将新中国首次生产的乒乓球命名为“红双喜”。

第一次打破中美外交坚冰。我国体育事业始终与党和国家工作大局紧密相连。1971年3月至4月，中国乒乓球队参加了在日本名古屋举行的第31届世乒赛。比赛第一天，美国运动员科恩误上中国队大巴车，中国运动员庄则栋上前和他握手交谈，并送给他杭州织锦留作纪念，科恩手持织锦的情景被记者抓拍，成为爆炸性新闻。第二天，科恩回赠庄则栋一件印有和平标记的运动衫，并与他拥抱。中美运动员的友好交流很快被传为佳话，随后美国副领队询问中国队负责人能否邀请美国队到中国访问比赛。4月3日，收到国家队的报告后，毛泽东立即指示邀请美国乒乓球队访华。4月10日，美国乒乓球队如约到达中国，并在13日下午举行了一场中美乒乓球友谊赛，为此后基辛格和尼克松总统访问中国打下了基础。小小乒乓球弹开了中美紧闭20多年的国门，也震动了地球。

二、从改革开放后到党的十八大前

1979年，我国恢复在国际奥委会的合法席位，如何快速提高竞技水平成为首要问题。当年召开的全国体育工作会议，确立了竞技体育“思想一盘棋、组织一条龙、训练一贯制”的指导思想，标志着我国举国体制初步形成。1984年，中共中央印发《关于进一步发展体育运动的通知》，确定了竞技体育优先发展的思路，竞技体育获得了制度和经费的优先保障。同年召开的全国体育发展战略会议正式提出“奥运战略”，将有限资源投入到“小（小球项目）、巧（技巧类项目）、难（高难度项目）、女（女子项目）、少（少众项目）”这五种最容易出成绩的项目，提高优先发展的效率。

党的十四大明确了建立社会主义市场经济体制的目标。1993年，国家体委印发《关于深化体育改革的意见》，提出改变单纯依靠国家和行政手段办体育的高度集中的体育体制，建立与市场经济体制相适应，符合现代体育运动规律，国家调控、依托社会、有自我发展活力的体育体制。此后，竞技体育“一家独大”的局面逐步得到改观，群众体育开始受到重视。1995年，《中华人民共和国体育法》颁布实施，明确规定“体育工作坚持以开展全民健身活动为基础”。同年，《全民健身计划纲要》和《奥运争光计划纲要》先后印发，标志着奥运项目优先发展，逐步向“奥运争光”和全民健身协调发展转型。2002年，中共中央、国务院印发《关于进一步加强和改进新时期体育工作的意见》，明确提出把增强人民体质、提高全民族整体素质作为根本目标，对新时期全民健身、竞技体育作出战略部署。2008年，我国成功举办第29届夏季奥运会，实现了中国人民的百年奥运梦。2009年，国务院颁布《全民健身条例》，明确每年8月8日为“全民健身日”，为促进全民健身运动开展、维护人民群众健身合法权益提供了法律保障，全民健身工作走上了法治化、规范化的轨道。此后，国务院每五年印发一次《全民健身计划》。

这一阶段，举国体制对于快速提高我国竞技体育水平和国际竞争力发挥了关键作用，充分彰显了社会主义制度的优越性。中国体育健儿在国际赛场上创造了多项标志性事件，向世界展示了我国体育事业和社会主义现代化建设取得的巨大成就。以举国体制为鲜明特色的中国体育取得一系列辉煌成就，全民健身运动开始普及，中华大地掀起持续不断的体育热潮。

专栏 2-2

中国人民的百年奥运梦

1908年，《天津青年》杂志发出了著名的“奥运三问”：中国何时才能派一位选手参加奥运会？中国何时才能派一支队伍参加奥运会？中国何时才能举办奥运会？2014年2月，习近平总书记在俄罗斯索契接受俄罗斯电视台专访时，也专门提到了这三个问题，指出这是中国人民的百年奥运梦。

“奥运三问”发出24年后，才有了历史的回音。1932年，伪满洲国胁迫东北大学学生刘长春参加美国洛杉矶奥运会，被其断然拒绝。在张学良帮助下，最终刘长春作为唯一的运动员代表中华民国出征洛杉矶奥运会，成为我国历史上第一位参加奥运会的运动员。新中国成立前，我国运动员费尽周折参加了3届奥运会，虽然竭尽全力，但从未获得一块奖牌。这也是旧中国苦难深重、积贫积弱在体育事业上的反映。

1952年，我国派出40人的代表团参加在芬兰赫尔辛基举办的第15届奥运会，五星红旗第一次在奥运会高高飘扬，向世界宣告了新中国奥林匹克运动的存在。1979年，我国恢复国际奥委会合法席位。1984

年，在美国洛杉矶举办的第23届奥运会上，许海峰实现了中国奥运金牌“零”的突破，掀开了中国参与现代奥林匹克运动历史的崭新一页。

2001年，北京获得第29届奥运会举办权。2008年，我国成功举办第29届奥运会，世界80多个国家和地区的领导人和贵宾出席开幕式，来自204个国家和地区的11 438名运动员参赛。我国派出639名运动员参赛，以48枚金牌居金牌榜首名，成为奥运历史上首个登上金牌榜首的亚洲国家。时隔整整100年，圆满回答了1908年提出的“奥运三问”，实现了中国人民的百年奥运梦。

三、党的十八大后至今

党的十八大以来，以习近平同志为核心的党中央从全面建成小康社会、实现中华民族伟大复兴的战略高度重视体育事业，把建设体育强国作为全面建设社会主义现代化国家的一个重要目标，体育事业取得历史性成就、发生历史性变革。

党的十八大以来，习近平总书记亲自谋划和推动体育事业发展，作出了一系列推动体育改革发展的重大部署。一是取消商业性和群众性体育赛事活动审批，推进全国综合性和单项体育赛事管理制度改革，公开赛事举办目录，通过市场机制积极引入社会资本承办赛事。二是推动部分体育协会与体育总局脱钩，推行政社分开、政企分开、管办分离，将适合由体育社会组织提供的公共服务和解决的事项，交由体育社会组织承担。三是推动全国性单项体育协会实体化改革，推荐姚明、王海滨、冼东妹、周继红、张健等专业人士担任协会主席，变更协会法人，开设协会独立账号，将运动项目主要业务职责移交至协会，推动协会独立开展工作。四是推动全国综合性运动会改革，第十三届全运会增设19个大项126个小项群众比赛项目，以“我要上全运”为主题，广泛组织全国范围内的全民健身体育活动和赛事，扩大全运会全民参与度。第二届青运会在项目设置、扩大参赛面等方面进行了改革。五是推动足球改革，提高足球运动水平。落实《中国足球改革发展总体方案》，建立足球改革发展部际联席会议制度，明确足球改革发展的重点任务分工，出台《中国足球中长期发展规划》等系列文件。加强中国足协自身建设。完善内部治理结构、权力运行程序，提升管理队伍素质，健全协会管理体系。

专栏 2-3

国务院全民健身工作部际联席会议制度

2016年，国务院批复建立全民健身工作部际联席会议制度。联席会议由国家体育总局、国务院办公厅、中宣部、国家发展改革委等29个部门组成，办公室设在国家体育总局，主要职能是贯彻落实党中央、国务院关于实施全民健身国家战略的决策部署，系统研究提出落实《全民健身条例》，实施全民健身计划的政策措施，强化各级政府主导全民健身事业发展的主体责任，协调有关部门和单位抓好全民健身计划相关任务措施的落实，推动完善政府主导、部门协同、全社会共同参与的全民健身事业发展格局，加强对全民健身计划实施情况的督导检查，及时按程序向党中央、国务院报告工作情况。目前，各省（区、市）都建立了全民健身工作协调机制，形成了党委领导、政府主导、部门协同、全社会共同参与的齐抓共管的全民健身工作大格局。

党的十九大提出，广泛开展全民健身活动，加快推进体育强国建设。2019年，国务院办公厅印发《体育强国建设纲要》，提出到2035年形成政府主导有力、社会规范有序、市场充满活力、人民积极参与、社会组织健康发展、公共服务完善、与基本实现现代化相适应的体育发展新格局，体育治理体系和治理能力实现现代化。2020年，中央全面深化改革委员会第十三次会议审议通过《关于深化体教融合 促进青少年健康发展的意见》，从学校体育工作、青少年体育赛事体系、社会体育组织等方面，提出了一系列改革举措，着力破除青少年文化学习和体育锻炼不协调的体制机制障碍。2021年，中央全面深化改革委员会审议通过《关于构建更高水平的全民健身公共服务体系的意见》，主要目标是破除阻碍全民健身发展的体制机制障碍，扩大更多更优质的场地、服务和产品供给，吸引更多人参与，提升国民健康水平，促进人的全面发展。从改革方向看，体育领域的改革从聚焦特定运动项目，到特定人群，再到面向全体人群，越来越体现坚持以人民为中心，更加突出覆盖全民、服务全民、造福全民，把增强人民体质、提高全民健康水平作为根本目的。

这一阶段，举国体制和市场机制进一步协同，国家办与社会办相结合的体育管理体制和运行机制加快形成，竞技体育、群众体育、体育产业更加协调发展，全民健身得到更加有力的制度保障。体育的功能已从单一的为国争光，转向了全面服务经济社会发展，“金牌为本”已经转化为不断满足人民群众日益增长的体育健身需要，体育不再仅仅是运动员在赛场上为国争光，更是一种教育手段、一种精神载体、一种生活方式，是全方位、全周期保障人民健康的

“第一环”，是培养健康体魄、塑造健全人格、促进人的全面发展的有效途径，体育越来越成为美好生活的重要组成部分和实现全体人民共同富裕的重要内容，这是我国经济社会发展进步的重要标志。

但是，全民健身组织网络尚不健全，社区全民健身短板较为突出，竞技体育的成果未充分由全民共享。要进一步理顺体育行政部门和体育社会组织的关系，健全全民健身组织网络，推动全民健身公共服务下沉社区，夯实社区全民健身基础，进一步打破竞技体育与群众体育之间的界限，推动更多竞技体育成果由全民共享。

第二节　健全全民健身组织网络

全民健身活动的广泛开展，离不开完善的组织网络。虽然我国全民健身组织网络在逐步建立健全，但还存在体育行政部门和体育社会组织权责不清、单项体育协会职能发挥不充分、群众自发性健身组织活力不足等问题。要理顺体育行政部门和体育社会组织的关系，推进体育社会组织改革，发挥全国性单项体育协会作用，鼓励群众自发性健身组织发展，完善以各级体育总会为枢纽，各级各类单项、行业和人群体育协会为支撑，基层体育组织为主体的全民健身组织网络。

一、理顺体育行政部门和体育社会组织的关系

当前，我国体育管理体制行政、事业、社团、企业不分的问题较为突出，运动项目管理中心和单项体育协会基本维持“两块牌

子、一套人马”，职责边界不明确、资源分配不清晰，既当裁判员又当运动员，“四位一体”是体育行业深化改革的焦点和关键问题。国家体育总局主管的89个体育协会中，有21个协会纳入前三批脱钩试点改革，其余68个体育协会仍未实现完全脱钩，行政力量掌控下的各类体育资源没有充分向社会释放。

理顺体育行政部门和体育社会组织的关系，按照统筹考虑、试点先行、分类推进、分步实施的改革思路，以问题为导向，认真落实《以运动项目管理中心和单项体育协会改革为突破口，深化体育管理体制改革的方案》。加快管办分离，积极稳妥推进体育协会与行政机关脱钩，把体育行政部门工作重点转移到宏观管理上来，加强对体育社会组织的政策引导和监督管理，适当调整运动项目管理中心职能，建立起政府监管有力、市场配置资源合理、社会体育组织蓬勃发展的现代体育制度和高效科学的体育管理运行机制。

专栏 2-4

中国篮球协会体制改革

2017年2月23日，中国篮球协会举行换届大会，通过了关于修改《中国篮球协会章程》的决议。修改后的《中国篮球协会章程》，删除了原第十条规定“国家体育总局篮球运动管理中心是中国篮球协会的常设办事机构，承担协会秘书处职责”。篮管中心不再是中国篮协常设办事机构，协会法人代表由秘书长变为主席，协会主席的权限范围扩大。2017年3月31日，国家体育总局办公厅印发《关于篮球改革试点有关事项的通知》，将国家体育总局篮球运动管理中心承担的业务职责从4月1日起正式移交中国篮球协会。

改革后的中国篮协，社会组织的独立性体现得非常充分，严格且完整地遵循了政社分开、依法自治的改革要求，大部分副主席不是体育行政体制中的内部人员，而是不同专业的社会人士。新一届中国篮协积极探索组织管理制度改革，共设立九个业务职能部门，成立十个专项委员会。新一届中国篮协还对CBA联赛的管理模式和赛程进行了改革，中国篮协和篮球俱乐部一起成立了CBA公司，意味着CBA联赛由CBA公司独立运营，对于CBA联赛的管理工作由中国篮协和篮球俱乐部共同承担。

中国篮协改革后，中国篮球的发展生机勃勃，CBA联赛进行得如火如荼，已成为国内乃至亚洲顶级的职业赛事，在世界范围内的知名度也越来越高。WCBA联赛在各项政策的扶持下，影响力也逐步扩大。职业联赛、国家队竞训、青少年篮球、社会篮球等正在呈现出新的发展局面。

二、发挥单项体育协会作用

自下而上形成的数以万计的各类体育协会和多层次的体育俱乐部，在培养运动习惯、组织各类赛事、建设场地设施、普及体育文化等方面发挥了不可替代的作用，是推动全民健身的关键性力量。我国现有各级各类体育社会组织对发展会员、推广运动项目重视程度不够。在发展会员方面，由于我国自下而上形成的各类体育协会和俱乐部基数小，导致很多全国性单项体育协会会员联系松散、数量较少、实力偏弱，与欧美国家体育社团动辄数千甚至数万的会员数量相比，差距还十分明显。在推广运动项目方面，全国性单项体育协会存在重竞技体育、轻群众体育的倾向，将更多精力放在了竞技项目争金夺银上面，忽视了举办群众性赛事活动、推广普及运动项目等基础性职能。

发挥单项体育协会作用，要健全协会治理机制。一是完善内部法人治理结构，完善协会章程，进行体育协会合规性梳理，完善会员大会及其执委会体系，完善监事制度，加强对会员单位的联系和服务。二是制定会员管理办法，优化会员结构，建立现代会员治理机制，支持全国性单项体育协会积极发展单位会员，探索发展个人会员。三是完善协会人事制度，建立惩戒机制，推动协会内部监管、惩戒机制与体育行政执法、司法裁决之间有效衔接。四是完善相关标准规范，全国性单项协会可以制定单项赛事的参赛标准、安全标准和准入条件，为相关体育产业提供技术标准与认证，参与市场标准制定，增强对体育市场信息分析研判与驾驭市场的能力。

发挥单项体育协会作用，要分类推进协会改革。将运动项目推广普及作为单项体育协会的主要评价指标。针对奥运项目协会，进行功能优化改革，强化和扩充奥运项目协会在群众体育、体育文化等方面的积极作用。针对非奥运项目协会，加快协会实体化步伐，使协会成为权责利相统一、全面负责本运动项目管理的实体。

三、鼓励群众自发性健身组织发展

群众自发性健身组织是基于人们共同的爱好、感情与友谊，在参与体育运动的过程中自发形成并自主管理的非正式、结构松散的，利用公共场所组织开展健身、娱乐、休闲活动的体育组织。近年来，我国“三大球”、乒乓球、羽毛球、骑行、跑步等群众自发性健身组织呈现快速发展的态势，已成为全民健身组织体系的重要补充，对组织广大人民群众参与体育锻炼、满足多样化体育需求发挥了重要作用。

鼓励群众自发性健身组织发展，一是要将自发性群众体育组织纳入群众体育工作计划，作为群体工作的重要内容。二是对队伍稳定、组织活跃、专业素养高的“三大球”、乒乓球、羽毛球、骑行、跑步等群众自发性健身组织，给予场地、教练、培训、等级评定等方面的支持。三是加强对组织者的培训，促进提升组织能力和管理水平。四是总结推广群众自发性健身组织的经验和做法，推动形成示范引领。

第三节　夯实社区全民健身基础

社区是社会治理和公共服务的重要载体。越来越多的人在社区参与体育锻炼，收获健康的身体、快乐的心情、和谐的氛围。但是，社区全民健身公共服务还存在较大短板，突出表现在深入社区的体育俱乐部和运动协会较少、赛事活动贫乏、健身场地设施不足等方面。全民健身工作只有牢牢抓紧社区，才能使全民健身更加深入人民群众生活。要将全民健身公共服务纳入社区服务体系，推动全民健身公共服务下沉社区，培育基层体育俱乐部和运动协会，丰富社区健身赛事活动，完善社区健身场地设施。

一、推动全民健身公共服务下沉社区

社区是全民健身公共服务体系的“神经末梢”，社区体育已成为全民健身事业的重要组成部分。党的十八大以来，我国城乡社区服务体系建设取得显著成效，服务内容逐步丰富，便民利民服务和志愿服务蓬勃开展。但社区全民健身发展仍处于初级阶段，尚不能满足人民群众就近就便参加体育锻炼的需求，全民健身公共服务下沉社区“最后一公里”的问题尚未得到有效解决。

推动全民健身公共服务纳入社区服务体系，重点要做到“五进”：一是体育社会组织进社区。发展社区全民健身最重要的是健全社区体育组织，要进一步健全群众身边的体育健身组织，推动各类体育社会组织向社区延伸，培育社区体育俱乐部，引导网络、草根体育健身组织进社区，增强社区体育健身组织的黏性和活力，让群众身边的体育社会组织成为社区体育健身的核心。二是赛事活动进社区。运用市场化方式打造全国社区运动会品牌，引导各地开展线上线下相结合的社区体育赛事活动，加大力度推广群众喜闻乐见的社区运动项目，建立社区全民健身赛事活动体系。三是体育场地进社区。支持建设一批社区体育场地设施，落实新建小区按标准配建体育设施的要求，不断完善老旧居民住宅区体育设施，大力推进社区健身中心建设，有条件的地方基本实现社区健身中心街镇全覆盖，打造家门口15分钟社区体育健身圈。四是健身指导进社区。组织专家学者到社区开展科学健身讲座，为社区群众开展体质监测活动，推进智慧健康驿站建设，普及科学健身常识，倡导健康生活方式，在社区推广集运动营养、科学健身、伤病防护、心理调适于一体的主动健康管理新模式。五是健身文化进社区。在社区广泛宣传推广“我的健康我做主”“运动使生活更美好”的新理念，用人民群众听得到、听得懂、听得进的途径和方法普及健身文化，将全民健身融入社区精神文明创建，融入家庭家风建设，讲好群众身边的健身故事，宣传推广社区健身榜样，传播社区健身好声音。

全民健身公共服务下沉社区，一是要加强对社区居民体育运动需求的调查，制定个性化运动方案，提高社区全民健身公共服务的适配性。二是要注意与社区自身发展条件相适应，避免千篇一律的设施投入，构建差异化、特色化的社区体育发展模式。三是要积极引入市场机制，拓宽体育设施的投资渠道，通过赞助、承包等方式推动体育设施建设，吸引更多的社会力量参与社区公共体育设施建设。

二、培育基层体育俱乐部和运动协会

社区全民健身活动的开展离不开基层体育俱乐部和运动协会。我国社区体育组织发展起步较晚、发展不充分，融入社区的体育社会组织数量少、人员不足、专业性不强、活力不够。由于缺少社区体育组织的参与、指导和帮助，社区体育活动没有常态化、制度化，专业化水平较低。

培育基层体育俱乐部和运动协会，一是完善注册登记制度，社区内活动符合登记条件的基层体育组织，可依法向县级民政部门申请登记，对达不到登记条件的基层体育组织，可由街道办事处（乡镇政府）实施备案管理。二是丰富基层体育组织类型，鼓励成立街道（乡镇）社区体育组织联合会，发挥管理服务协调作用。重点扶持培育为老年人、青少年等特定群体服务的社区体育组织。三是加大支持力度，鼓励各级政府通过政府购买服务等方式，加大对社区体育社会组织和健身赛事活动的购买比重，支持基层体育社会组织举办各类社区体育赛事活动。探索通过社区居民、公益基金捐赠等方式筹集社区体育组织运营资金，提高运营活力。四是加强监督管理，健全社区体育组织综合评价机制，加强第三方管理，提高基层体育社会组织自我管理、自我约束、自我发展能力，提高服务质量。

三、丰富社区健身赛事活动

社区体育赛事活动在激发拼搏精神、促进邻里交往、增强社区认同等方面具有积极作用。广泛开展社区体育赛事活动，能够有效培塑群众参与运动的兴趣和习惯，促进基层体育社会组织能力建设，为优化社区全民健身公共服务提供持久动能。当前，社区体育赛事活动种类少，较多集中在健步走、太极拳、广场舞、跳绳等常规项目。同时，社区体育还存在活动多、赛事少等问题，社区居民参与体育锻炼缺乏黏性，往往呈现“一阵风”的特征，难以塑造居民经常性参加体育运动的习惯。

丰富社区体育赛事活动，一是丰富社区赛事活动类型，大力发展健步走、太极拳、广场舞、跳绳、慢跑、自行车、游泳、健身操、健身气功、瑜伽、武术等易于在社区开展的健身项目，鼓励社区体育组织向居民推广新兴运动项目、地域性运动项目及适宜社区居民共同参加的体育运动活动。二是培育社区品牌赛事活动，结合开展

“我要上全运”群众体育赛事活动，打造线上线下相结合、全社会参与、多项目覆盖、多层级联动的全国社区运动会，支持创建“一区一品”全民健身品牌赛事活动。三是丰富家庭体育健身活动，推广易于开展、适宜家庭参加的运动项目，鼓励有条件的社区设立家庭体育节，开展丰富多样的亲子体育活动。四是凝聚社区体育赛事活动发展合力，用好社区服务站、乡村文体中心等场地设施，充分发挥社区内优秀退役运动员、体育教师、健身教练、健身达人等各类体育专业人士作用，培育社区体育活动组织骨干，鼓励体育俱乐部下沉社区。通过丰富社区体育赛事活动，让更多社区居民热爱健身、享受运动、弘扬体育精神，培养团结协作、顽强拼搏、昂扬向上的精神风貌。

四、完善社区健身场地设施

当前，我国社区健身场地设施不足，一些新建小区没有按标准配建体育设施，老旧小区缺乏建设体育场地设施的充足空间，部分已建成的场地设施设备陈旧，缺乏系统维护与管理，夜间照明设施不足，无法满足居民夜间健身需求，导致社区体育场地实际利用率低。有些社区体育设施没有坚持全民健身导向，存在场馆化倾向，布局不合理，与社区周边环境不相协调。

完善社区健身场地设施，一是要抓建设，加强科学规划，推动社区体育设施合理布局，与社区居民健身需求相适应。新建居住小区要按照有关要求和规定配建社区健身设施，并与住宅同步规划、同步建设、同步验收、同步交付，不得挪用或侵占。支持房地产开发企业结合新建小区实际和应急避难（险）需求配建社区体育设施。

二是要重利用，鼓励基层体育俱乐部、运动协会充分利用社区体育设施，举办社区体育赛事活动，推动社区体育设施在工作日白天与社区周边的学校、企事业单位、体育社会组织共享使用。适应社区居民夜间运动习惯，实施社区健身设施夜间“点亮工程”，完善照明、储物等配套设施，提高社区体育设施夜间使用效率。三是要强管理，建立社区体育设施协同管理工作机制，加强社区居委会、物业公司、社会体育指导员、社区体育组织、志愿者等协同配合，引入互联网等信息化管理手段，提高社区体育设施智慧化管理水平，降低管理成本。

第四节　推动更多竞技体育成果全民共享

长期以来，举国体制快速调集大量社会资源集中支持竞技体育发展，竞技体育取得了举世瞩目的成就，同时也聚集了大量的场地设施、专业训练、健身指导、运动康复等优质资源。但是，由于竞技体育与群众体育之间缺乏有效联通，大量优质竞技体育成果没有充分向社会开放、由全民共享，一定程度上造成了资源闲置和浪费。推动竞技体育成果由全民共享，有利于推动举国体制与市场机制相结合，提高资源配置效率，赋能全民健身发展，彰显体育强国建设的巨大成就。

一、推动场地设施共建共享

为快速提高我国竞技体育竞争力，提高为国争光能力，我国探索训练基地发展模式，在各地建立了一大批职能相对单一、为各运动队伍提供后勤服务保障的训练基地，极大改善了运动队训练条件和学习生活环境，为运动队训练水平及运动成绩的提高提供了可靠的基础保证。但是，由于运动项目训练具有季节性特征，部分训练基地在一定时间段内无需承担训练备战任务，运动训练基地的场地设施通常采用国际先进材料和设备，对外开放维护成本很高。运动训练基地一般由事业单位进行管理，缺乏对外开放的激励机制和制度条件，未充分引入社会力量参与训练备战。因此，长期以来，体育系统管理的训练中心、基地、体校的场地设施结构性利用率不高，很多没有向社会开放共享。

随着我国竞技体育由单一的训练备战转向全面服务经济社会发展，亟待打破竞技体育场地设施与全民健身场地设施之间的界限，推动竞技体育与全民健身共建共享场地设施。一是大型运动会场馆建设要立足于多种功能的开发利用，更好结合全民健身需求进行场馆布局和设计，从源头上使竞技体育场馆具备与社会共享的基础。二是各类训练基地在完成训练任务的同时，要分时段、分类型向社会开放。开放具体时段、时长由各地、各单位根据实际情况予以明确规定。积极探索体育系统健身设施服务开放多元化的成本补偿机制。三是将各地各类训练基地体育设施有关开放信息，纳入国家全民健身信息服务平台，实现信息采集、信息共享、动态监控、用户评价等一体化功能集成，向社会公示并接受监督。四是建立训练基地场地设施对外开放安全管理制度，明确责任分工，完善安全风险防控机制，提高应对突发情况的处置能力。五是鼓励各级各类运动队走出去，运用市场化机制，通过挂牌、租赁等方式与社会力量共建共享场地设施，降低训练备战成本。

二、加强竞技体育成果市场化开发

竞技体育在训练技巧、膳食营养、运动康复等方面积累了大量行之有效的经验做法，形成了较为完善的科学体系，具备为全民健身服务的基础。主要包括三个方面：一是体育训练方式，通过科学训练有效提高运动成绩。二是运动队膳食营养方案，经过科学研究，营养更加均衡，更有利于身体健康。三是康复技巧，运动康复属于运动物理治疗，可以帮助被治疗人恢复正常运动，比普通的康复治疗目标水平更高。但是，这些经验做法长期以来大多只运用于专业运动员，未广泛应用于普通群众的日常健身服务。同时，人民群众科学健身意识越来越强烈，迫切希望得到专业资源的支持。加强竞技体育成果市场开发利用，有利于提高群众健身的科学性和专业性，推动形成合理运动膳食结构，“吃出健康身体，练出美好身材”，提高运动康复普及度，降低医疗支出成本，对于扩大竞技体育群众基础，提高竞技体育水平，也具有积极作用。要推广运用竞技体育的训练方法、康复手段，开展运动风险评估和运动健身效果综合评价，提高科学健身水平。

加强竞技体育成果市场化开发，要充分引入市场化机制，推动竞技体育训练、膳食、康复等成果充分赋能人民群众科学健身。一是准确把握竞技体育成果公益属性，平衡好公益属性和市场化开发之间的关系，坚持公益普惠的定位，避免过度无序开发，使竞技体育成果更公平、更广泛地惠及人民群众。二是结合市场需求，尽快形成可向市场推广的科学膳食教材和课程。研发针对业余运动员和专业运动员等不同人群的膳食标准，通过打造运动餐厅、运动酒店、运动基地等平台，结合网络直播等手段，将成果更广泛地传播到市场中去。鼓励各级各类运动训练基地与第三方合作，面向社会培训营养师，有偿提供饮食评估、运动食谱，制定个性化方案并跟踪指导优化。三是引导竞技体育训练竞赛资源和科技成果向全人群健康促进转化，把竞技运动员训练方法、康复手段推广到普通群众中去，运用运动损伤康复方法和运动训练中的新科技，打造覆盖不同人群的健康促进方案，以体育运动这一非医疗手段，促进人民健康。

三、畅通人才流动渠道

体育专业人员是我国专业技术人才队伍的重要组成部分，是推动加快建设体育强国的重要力量，主要包括全民健身服务和管理人才、竞技体育人才、体育经济人才、体育专业技术人才、行政管理人才等。长期以来竞技体育人才和群众体育人才分属两个人才评价体系，人才资源缺乏有效流动，竞技体育运动员、教练员向全民健身服务和管理人才的转化不够。

畅通人才流动渠道，推动竞技体育人才和群众体育人才双向流动，人才资源充分涌流，夯实全民健身发展的人才基础。一是建立国家队、省队运动员进校园、进社区制度，明确现役国家队、省队运动员在退役前，每年均要在中小学或社区开展不少于一定时间的健身指导服务。二是建立高水平运动队帮扶基层体育社会组织的机制，通过下社区指导、云指导等多种方式，帮助基层体育组织发展。组织开展体育明星进学校、进社区活动，使体育明星能沉到基层社区，向民众普及全民健身知识、推广运动项目。三是建立面向全社会的体育运动水平等级制度，健全服务全民健身的教练员、裁判员评价体系。四是通过专业赛事带动业余赛事活动，吸引赛事观众，开展“我要上全运”等群众体育赛事活动，扩大体育人口。

第三章

推动全民健身公共服务能力城乡区域均衡发展

近年来，我国全民健身场地设施持续增加，资源布局不断优化，场地设施配置更加合理。但是全民健身公共服务与人口总量、结构和流动趋势适应性还不强，城乡之间、区域之间、不同城市类型之间全民健身资源布局差异性还较大，全人群全生命周期共享水平亟待提升。推动全民健身公共服务资源布局更加均衡，要按人口要素统筹资源布局，与常住人口总量、结构和流动趋势相适应。优化城市全民健身功能布局，推动不同规模城市、不同城市形态探索差异化全民健身发展路径。对接国家区域重大战略，打造冰雪经济发展高地，高标准建设京张体育文化旅游带，加快推进户外运动“三纵四横”空间布局。

第一节　按人口要素统筹资源布局

按人口要素统筹全民健身资源布局是指要根据常住人口总量、结构和流动趋势，科学布局全民健身资源，提升资源布局与人口分布的适应性和协调性，推进健身资源“跟着人走”。随着新型城镇化和区域协同发展进程加快，我国人口结构和流动趋势呈现出一些新特征，全民健身公共服务资源布局要按人口要素统筹资源布局，科学规划和统筹建设健身场地设施，重点补齐城市群、都市圈全民健身公共服务短板，推动农村与城市全民健身服务内容和标准统一衔接。

一、资源布局与常住人口总量、结构和流动趋势相适应

按照常住人口配置公共服务资源，是解决公共服务资源供需错配、推动优质均衡发展的基本途径。“十四五”规划纲要提出，按照常住人口规模和服务半径统筹基本服务设施布局和共建共享。2020年3月，中共中央、国务院印发《关于构建更加完善的要素市场化配置体制机制的意见》，要求建立基本公共服务与常住人口挂钩机制，推动公共资源按常住人口规模配置。2020年5月，中共中央、国务院印发的《关于新时代加快完善社会主义市场经济体制的意见》再次提出，推动公共资源由按城市行政等级配置向实际服务管理人口规模配置转变。

当前，我国人口区域、城乡和流动趋势呈现出新的特征。从人

口区域分布来看，2020年，我国东部地区、中部地区、西部地区和东北地区人口分别占总人口的比重为39.93%、25.83%、27.12%和6.98%，与2010年相比，东部地区人口占比上升2.15个百分点，中部地区下降0.79个百分点，西部地区上升0.22个百分点，东北地区下降1.2个百分点。从城乡人口分布来看，2020年，我国城镇人口达到9.02亿人，城镇化率达到63.89%，与2010年相比，城镇人口增加2.36亿人，城镇化率提高14.21个百分点。目前，我国城镇化已进入中后期发展阶段，城镇化步伐将趋于放缓，快速城镇化将逐步转为高质量城镇化，并与乡村振兴深度互动，形成城乡发展新的均衡。从人口流动趋势来看，2020年，我国流动人口为3.76亿人，其中，跨省流动人口为1.25亿人。与2010年相比，流动人口增长69.73%。

我国全民健身资源布局尚没有实现“跟着人走”，全民健身资源尤其是群众身边健身资源总体不足，资源配置和布局结构不尽合理，资源供给以行政区划配置为主，与人口结构和流动趋势适应性不高。城乡之间、区域之间全民健身公共服务差距较大，东部地区全民健身公共服务水平明显高于中西部地区，供给方式和供给效率等也优于中西部地区，广大农村全民健身公共服务水平偏低、可及性较差、短缺与闲置并存。

推动资源布局与常住人口总量、结构和流动趋势相适应，一是在健身资源规划布局中提前研判人口结构和流动趋势，推动全民健身服务从按行政区划配置向按常住人口规模配置转变，建立“资源随人走”的投入机制，推动实现“人走到哪里，全民健身资源就跟进到哪里”。二是加强资源整合力度，以服务人口和服务半径为基本依据，重点增加区域性中心城市、东部发达城市、城市群都市圈全民健身公共服务供给。三是建立以流入地为主的流动人口全民健身服务供给机制，提升流动人口享有全民健身公共服务资源覆盖面，推动将外来务工人员公共体育服务纳入流入地供给体系，有序实现流动人口在常住地便捷享有全民健身公共服务。

二、重点补齐城市群和都市圈全民健身公共服务短板

城市群是新型城镇化的主体形态，是支撑全国经济增长、促进区域协调发展、参与国际竞争合作的重要平台。都市圈是城市群内部以超大特大城市或辐射带动功能强的大城市为中心、以1小时通勤圈为基本范围的城镇化空间形态。城市群和都市圈经济发展水平高，聚集人口能力强，人口在城市群、都市圈内部流动性也较大，未来我国新增城镇人口将主要集中在城市群和都市圈。近年来，我国城市群和都市圈呈现较快发展态势，人口加速向城市群和都市圈集聚。目前，我国已规划的19个城市群，以1/3的国土面积承载了3/4左右的人口和近九成的GDP总量。但是，我国城市群和都市圈全民健身场地设施、赛事活动、健身指导等产品和服务总量短缺问题更加凸显，要加快补齐城市群和都市圈全民健身公共服务短板。

补齐城市群和都市圈全民健身公共服务短板，一是鼓励有条件的城市群和都市圈编制统一的全民健身规划，推进城市群和都市圈全民健身场地设施一体化发展，推动重要健身设施互联互通、共建共享。二是加大资源统筹整合力度，完善城市群和都市圈全民健身公共服务土地、资金、人才等要素保障，扩大健身场地设施、赛事

活动、健身指导等供给。三是支持有条件的城市群和都市圈内部城市之间深度合作，共同开展体育强市、全民运动健身模范市（区）、全民运动健身模范县三级联创活动。四是健全完善联合办赛的体制机制，鼓励有条件的城市群和都市圈举办区域性健身赛事活动，共同申办、承办重大国内国际健身赛事活动，联合打造全民健身赛事活动品牌，打造一体化的全民健身公共服务信息平台。

专栏 3-1

长三角城市群积极推动全民健身大联动

2003年9月，为促进长三角地区体育事业与经济、社会的同步发展，构建长三角体育圈，浙江、江苏、上海三省市体育局在杭州召开首次联席会议，并签署了体育交流与合作意向书。2020年10月，经国家体育总局同意，长三角三省一市体育部门联合印发《长三角地区体育一体化高质量发展的若干意见》，提出打造全国体育高质量发展样板区和区域体育一体化发展示范区。

“大联动”充分利用三省一市江、河、湖、海、山、城市建筑等地理自然资源，打造以上海城市景观，江苏、浙江、安徽山水为特色的活动项目，大力发展海洋运动、江河湖运动、山区运动、城市健身运动，逐步实现区域合作、行业互动的具有示范意义的“体育圈”。如2011年的大联动在“篮球之乡”诸暨举行，围绕当地篮球特色开展活动，并创造了千场万人篮球赛的吉尼斯纪录。结合每届主题，“大联动”适时安排一些配套活动，如开展国民体质监测、举办长三角体育圈全民健身互动论坛、建设落成长三角体育圈全民健身大联动共享基地一期工程——上海市民体育公园(足球公园)。

经过十多年发展，长三角体育圈全民健身大联动活动范围已由长三角区域扩展至整个华东地区，推进了长三角区域全民健身大发展、大融合，打破了地域束缚，构建起多维度、全方位、立体的体育圈，已经成为长三角地区健身爱好者的运动盛会。

三、推动农村与城市全民健身服务内容和标准统一衔接

我国农村人口超过全国总人口的三分之一。推动城乡全民健身公共服务内容和标准统一衔接，是实现全民健身、保障全民健康的重要支撑，是深入实施乡村振兴战略、推动全体人民共同富裕的重要内容。农村全民健身公共服务起步晚、底子薄、基础差，农村健身场地设施数量和质量、健身知识普及程度、健身观念和意识、体育社会组织数量和服务能力等方面与城镇还有一定差距。一些地区健身场地设施或赛事活动与农民生产劳动和生活习惯不相适应，存在健身资源短缺与闲置并存的现象。

完善农村全民健身公共服务网络，逐步实现城乡服务内容和标准统一衔接。一是按照乡村振兴战略总要求，坚持因地制宜、整合资源、乡土特色、方便实用、安全合理的原则，紧密结合美丽宜居乡村建设，推动全民健身公共服务资源向农村延伸，进一步细化农村基本公共体育设施建设标准、内容，科学规划和统筹建设农村健身设施，推广多功能、季节性、可移动、可拆卸、绿色环保的农民健身设施。二是按照城乡一体化的要求，推进城乡健身组织、健身活动、健身指导等公共资源及服务要素的协调配置，巩固拓展行政村(社区)文化活动室的体育服务功能，努力缩小城乡全民健身公

共服务差距。三是大力推动全民健身公共服务向农村延伸，把更多的资源资金投向基层，把更多的项目活动放到乡村，把更多的指导服务送到农家，服务广大农民自觉、便利、科学、文明开展经常性体育健身活动，促进农民体育生活化。四是根据农村地区人口变动趋势，采取差异化政策，更好满足农民健身需求。针对人口流入较多的农村地区，加大全民健身场地设施、赛事活动、健身指导等资源投入力度，扩大健身服务供给。针对人口净流出的农村地区，要强化资源整合力度，推动与相邻村庄、社区、学校等不同单位健身资源共建共享。

第二节　优化城市全民健身功能布局

城市是全民健身公共服务供需矛盾最为突出的区域，经济越发达、人口越密集、用地越紧张的地方，人民群众健身需求就越大，全民健身公共服务的供需矛盾就越突出。优化城市全民健身功能布局，要根据不同规模城市、不同城市形态的实际，找到合适的全民健身发展模式。

一、推动不同规模城市探索差异化全民健身发展路径

根据城区常住人口，我国城市通常划分为五类七档。超大城市是城区常住人口1 000万以上的城市，特大城市是城区常住人口500万以上1 000万以下的城市，大城市是城区常住人口100万以上500万以下的城市，中等城市是城区常住人口50万以上100万以下的城

市。超大特大城市中心城区人口密度大、土地资源稀缺，全民健身公共服务供需矛盾更为突出。

针对不同类型城市发展实际，全民健身要找到不同的发展模式。特大超大城市人口规模总量大、密度高，土地资源紧张、价格高，要推广功能复合、立体开发的集约紧凑型健身设施发展模式。具体来看，要鼓励各类市场主体合理利用城市空置场所、立交桥下、地下空间、公园绿地、建筑屋顶、权属单位物业附属空间等建设改造成体育设施，增加举步可就的体育健身设施。积极推动健身休闲设施与住宅、文化、商业、娱乐等综合开发，打造健身休闲服务综合体。例如，浙江省制定高速公路桥下空间合理利用管理办法，在杭州市西湖区范围内高架桥下空间部分60亩土地规划建设若干片5人制小型足球场。又如，上海、杭州、深圳等城市充分挖掘城市复合空间，在大型商场、写字楼顶楼空地建设非标足球场，满足了中心城区白领群体足球运动需求。

我国大中城市一般是区域中心城市。优化大中城市全民健身发展路径，要加强多中心、多层级、多节点的全民健身资源布局，打造现代时尚的智慧健身场景。具体来看，要优化城市内部健身设施空间布局，根据城市内部人口分布特征，结合城市功能分区和组团发展的态势，构建市、区、街道、社区多层级协同联动的全民健身设施网络。要推进城市生态修复、功能修补工程，完善城市生态绿地和廊道系统，建设高品质绿色体育场馆，构建贯穿城区的步道网络，推动形成绿色低碳的全民健身发展模式。要推进智慧健身步道、智慧体育公园、智慧健身场馆建设，提升全民健身公共服务智慧化水平，实现资源整合、数据共享、互联互通。

专栏 3-2

浙江宁波巧用高架桥“变身”体育公园

宁波是全国5个计划单列市之一，城区常住人口超过300万人。为了充分利用高架桥下空间，着力解决城市高架桥下环境乱象反复、管理成本高昂、大量空间闲置等问题，宁波采用“以用代管”模式，引入社会资本改造、建设场地并负责后期养护，主管部门定期对场地、设备完好率及卫生环境等进行考核评价，将城市闲置土地改造成体育场馆，为周边居民休闲健身开辟了新的空间。

2019年8月，宁波市鄞州区通过公开招投标方式引进第三方社会资本，启动了潘火高架桥下体育公园改造工作。2020年1月，宁波建成第一个高架桥下的体育场馆，场馆面积9 000余平方米，场馆附近专门设置了一个多功能公益广场，全天24小时免费对市民开放，为周边居民提供晨练、休闲场所，最大限度实现资源共享。据不完全统计，目前全市已有20余个由桥下空间改造成的体育场馆。

县城是我国推进工业化城镇化的重要空间、城镇体系的重要一环、城乡融合发展的关键纽带。截至2019年底，我国县和县级市数量达到1 881个，县城和县级市城区常住人口达2.4亿人左右，占全国城镇常住人口的近30%，县城及县级市城区GDP占全国GDP的近1/4。未来一段时期，以县城为载体的新型城镇化逐步成为我国推进城镇化的主阵地。当前，我国县城健身设施相对薄弱，难以适应以县城为载体的城镇化的需要，难以承载更多的人口和产业。优化以县城为载体的新型城镇化健身功能布局，一是聚焦群众就近健身需要，同步规划建设贴近社区、方便可达的体育公园、全民健身中心（小型体育综合体）、健身步道、公共体育场、社会足球场等全民健身场地设施，确保全民健身场地设施与其他市政基础设施、公共服务设施同步规划、同步建设，助力以人为核心的新型城镇化建设。二是加强县城健身步道、自行车道、体育公园等新型健身空间建设，与住宅、商业、文化、娱乐等建设项目综合开发和改造相结合。

二、探索适宜新老城区特点的全民健身资源布局

截至2020年底，我国城镇化率已经达到63.89%，城市发展进入城市更新的重要时期，将由大规模增量建设转为存量提质改造和增量结构调整并重。老城区规划建设年代较早，区域空间狭窄，功能布局混乱，居住环境较差，健身设施与就业社保、养老托育、扶残助残、医疗卫生、家政服务、物流商超、治安执法、纠纷调处、心理援助等便民服务场景没有有机集成，整合利用和共享不足。优化老城区全民健身资源布局，要结合城市更新行动，将建设改造健身设施纳入城镇老旧小区改造，建立存量资源整合利用的机制，加强相邻小区及周边地区的联动改造，推动整个片区健身设施的建设、活动场地的共建共享。要挖潜城市、街道和社区中的空闲地、边角地、公园绿地、河滩地、路桥附属用地、老旧建筑、建筑屋顶等，以及可复合利用的城市文化娱乐、养老、教育、商业等其他设施资源，通过整合、腾退、置换等方式，整合利用各类存量资源，加快建设一批举步可就、小型化、多样化的健身设施和场所，形成类型健全、布局均衡的健身设施网络，营造功能完善的社区生活圈、健身圈。要鼓励运用市场机制盘活存量低效用地，增加开敞式健身设

施。社区健身设施未达到规划要求或建设标准的既有居住小区，要紧密结合城镇老旧小区改造，统筹建设社区健身设施。不具备标准健身设施建设条件的，鼓励灵活建设非标准健身设施。

专栏 3-3

扬州老城区建口袋公园

口袋公园最早来源于1963年美国纽约公园协会的提议，指的是散布于高密度城市中心的、呈斑块状分布的小公园。半个多世纪以来，美国、英国、日本等国家纷纷开始了独具自身特色的“口袋公园计划”。

近年来，为提升中心城区城市品质，为人民群众提供更便捷、更惬意的绿色空间和家门口的健身活动场所，扬州大力推进城市公园体系建设，在城市黄金地块规划建设了一批生态中心、生态体育休闲公园，在老城区见缝插针地布局了一批口袋公园。

口袋公园主要是在家门口一些小花台或健身器材周边建设的公共绿地，规模较小，无具体的面积规定。扬州老城区的口袋公园以绿色植物营造氛围，配套必要设施，包括座椅、游戏场地、运动场地等，提供休闲空间，免费对外开放。

目前，扬州市共建立了50多个口袋公园。由于口袋公园小巧精致、环境优美、设施齐全，受到广大市民的青睐，闲暇时间来公园锻炼，已经成为很多市民每天的习惯。

新建城区规划设计理念先进，土地资源较为丰富，更有基础和条件布局新建就近就便的全民健身场地设施。优化新建城区全民健身资源布局，要结合城市留白增绿，科学规划全民健身场地设施，建设与生产生活空间相互融合、与绿环绿廊绿楔相互嵌套的健身设施，提升城市品质。要根据城市空间开发结构和人口分布，在规划阶段充分考虑健身需求，因地制宜预留健身运动空间，维护规划的严肃性和权威性，确保“一张蓝图”干到底。要加强新建城区社区建设，推动建设社区全民健身中心，健全社区全民健身服务管理机制，建设运动健康新社区。

第三节　构建对接国家重大战略的空间布局

党的十九届五中全会提出，坚持实施区域重大战略，推进京津冀协同发展、长江经济带发展、粤港澳大湾区建设、长三角一体化发展，推动黄河流域生态保护和高质量发展。构建更高水平的全民健身公共服务体系，要主动将全民健身放在“五位一体”总体布局和“四个全面”战略布局中去谋划，跳出体育看体育、立足全局抓体育、围绕中心干体育，主动对接和服务国家重大战略，在国家事业发展全局中找准定位、顺势而为，获得发展。

一、打造冰雪经济发展高地

习近平总书记高度重视冰雪运动，强调要借筹办北京冬奥会的东风，把我们的冰雪运动普遍开展起来。2015年1月14日，习近平主席在会见国际奥协主席、亚奥理事会主席艾哈迈德亲王时指出，北京举办冬奥会将带动中国3亿多人参与冰雪运动，这将是对国际奥林匹克运动发展的巨大贡献。2016年3月7日，习近平总书记在参加十二届全国人大四次会议代表团审议时指出，冰天雪地也是金山银山。2021年1月18日，习近平总书记在考察北京冬奥会筹办工作时强调，要通过举办北京冬奥会、冬残奥会，把我国冰雪运动特别是雪上运动搞上去，在3亿人中更好推广冰雪运动，推动建设体育强国。

随着居民收入水平的提高，人民群众对冰雪运动需求不断增强，雪上运动、冰上运动、冰雪旅游具有较高的沉浸式体验和融入感，越来越得到大众青睐，国内冰雪消费潜力进一步得到释放。冰雪资源天然具备空间集聚的特征，我国冰雪资源大部分分布在东北、西北、华北等地区，河北、吉林、黑龙江、新疆等地冰雪资源天然富集，冰雪运动起步早、基础好，冰雪活动类型丰富多样，是我国重要的冰雪经济聚集区。河北崇礼、吉林长白山、黑龙江亚布力、新疆阿勒泰冰雪资源丰富、市场需求大、国际合作前景广阔，有基础有条件打造“冰雪丝路带”，创建中国冰雪经济高质量发展试验区。

布局冰雪丝路带。要聚焦河北崇礼、吉林长白山、黑龙江亚布力、新疆阿勒泰等重点区域与重要节点，强化规划引领，深化区域合作，推动冰雪运动产业基础设施、公共服务、赛事活动、标准规范等协调联动，着力构建一体化发展格局。加快冰雪产业招商引资，积极引进国际知名冰雪装备企业，强化冰雪文化旅游国际合作，着力构建链条完备、业态丰富、模式多样的冰雪产业体系。积极推动冰雪相关产品走出去，培育引进一批具有较高知名度和影响力的冰雪品牌会展活动。抢抓北京冬奥会契机，积极与发达国家开展冰雪产业国际合作、创新合作模式，打造合作平台、扩大民间交流，拓展共建“一带一路”合作新空间。

支持吉林、新疆创建冰雪经济高质量发展试验区。按照国际标准完善冰雪场设施，提升综合服务能力。聚焦冰雪运动、冰雪旅游、冰雪配套服务、冰雪装备制造、冰雪文化等，推动冰雪产业体系、人才队伍、开放合作、体制机制等重点领域和关键环节改革创新。在土地、融资、人才、标准、科技等方面加大改革创新力度，探索出台一批具有突破性、引领性的政策措施，促进两省区内冰雪资源要素优化配置和合理流动，激发新活力，释放新动能，着力打造全球新兴冰雪经济增长极。大力推动冰雪经济国际国内开放合作，积极融入全球冰雪产业链和价值链核心，打造国际冰雪经济开放交流合作高地，承担起引领后奥运时代我国冰雪经济发展重任，为其他地区推动冰雪经济发展提供可复制、可推广、可借鉴的经验。

二、高标准建设京张体育文化旅游带

2021年1月，习近平总书记考察北京冬奥会筹办工作时要求，加快建设京张体育文化旅游带。建设京张体育文化旅游带是推进京津冀协同发展的重要举措，是促进京张地区体育文化旅游消费、实施乡村振兴战略的重要载体，是充分利用北京冬奥会筹办成果，推动奥林匹克运动与城市和区域良性互动、共赢发展的重要抓手。

京张体育文化旅游带是从北京门头沟区、延庆区向西北延伸，全面对接张家口市县区形成的体育、文化、旅游产业带状发展区域，主要包括“三核”和“三轴”。“三核”是指北京城区主赛区、延庆区和张家口崇礼区3个冬奥赛区。“三轴”是指以北部（崇延高速）、中部（京藏、京新高速）、南部（张石高速）主要交通要道为基础，形成延伸的产业发展轴线。

京张体育文化旅游带建设面临重大机遇。一是北京冬奥会为推广冰雪运动提供了绝佳机会。北京和张家口聚集了北京冬奥会的全部场馆，张家口正在打造世界级冰雪旅游胜地，发展冰雪运动的基础设施条件正在逐步完善。二是京津冀协同发展深入实施。高铁城际铁路网已形成“1小时交通圈”，自驾车、自助旅游体系加快建设，初步形成了“京津冀城市圈微度假生活圈”。三是资源禀赋得天独厚。北京和张家口自然和文化遗产丰富，张家口区域被称为“长城博物馆”，拥有华北地区最大的天然滑雪场，被誉为东方“达沃斯”。延庆区域拥有炎黄阪泉之战、古崖居等历史遗迹，以及八达岭长城、松山原始森林自然保护区、硅化木国家地质公园等优质旅游资源。

高标准推进京张体育文化旅游带建设。一是补齐基础设施短板。加强京张区域村镇级高质量“毛细血管”路网建设，探索开行慢速旅游列车。建立步道体系，推动京津冀地区跨区域步道体系建设，打造慢行廊道系统，促进健身休闲、户外游憩、自然教育等服务发展。加大户外运动、体育旅游、房车营地等配套设施建设，推动体育、旅游公共服务设施连点成线、连线成片、连片展网。二是推动业态融合发展。探索四季运营促融合，构建以“春骑行、夏露营、秋路跑、冬冰雪”为特色的全季候、全区域体育文化旅游产业发展模式，形成融合冰雪赛事、健身休闲、户外运动的全域旅游新业态。满足多元需求促融合，以青少年、“雪友”、城市家庭等为对象，以“吃、住、玩、运动、休闲”需求为重点，打造探险夏令营、冰雪冬令营、私享雪世界、古文化游、家庭体育度假游、旅游演艺等特色服务产品。推动生态产业化促融合，发掘农业农村的生态涵养、休闲观光、文化体验等功能和价值，拓展农业增效增收空间。三是加强区域政策协同。建立由京冀两省市牵头，国家相关部委参加的工作会商机制，定期研究问题，组织推介活动，打出政策资金项目“组合拳”。构建京津冀消费补贴结算机制，将京张区域体育文化旅游资源纳入北京市惠民文化消费电子券、河北省体育消费券和其他文化旅游优惠范围，实现各项目便捷享受两地补贴。推出京津冀体育文化旅游联票，按照自愿参与原则和统一的收益分配协议，将京津冀地区各类体育、文化、旅游项目逐步纳入冬奥旅游联票体系。

三、加快推进户外运动“三纵四横”空间布局

户外运动是健身休闲运动的重要组成部分，大力发展户外运动是满足人民多样化体育健身需求的重要途径。我国户外运动客源地多位于东部，而顶级资源多位于西部，户外运动资源与消费市场相对错配，户外运动产业尚未实现集聚集群发展。同时，国内户外运动中低端消费不足，高端消费外流的情况较为普遍，尚未形成多层次多样化的户外运动产品服务供给体系，供需结构性矛盾较为突出。围绕我国地势、地貌、资源分布特点和交通基础设施条件，打造户外运动“三纵四横”的空间布局，对于扩大户外运动服务有效供给、解决资源供需错配、推动户外运动产业集聚发展具有重要意义。

户外运动“三纵四横”空间布局，是以我国自西向东地理层级的划分为基准，依据我国地势三大阶梯和南北温度带划分，结合地势地貌、气候水文及人文特征等情况，按照我国现有山地户外运动

聚集区标准，划定的户外运动空间布局构架。“三纵”是指：一是沿太行山脉的500公里步道线路，以及沿京杭大运河、徽杭古道、徐霞客古道的户外运动线路，以上共同构成我国东部纵向山地户外运动带。二是西安至成都的骑行和徒步线路。三是沿青藏公路（西宁经格尔木、唐古拉至拉萨）的骑行和徒步线路。“四横”是指：一是沿丝绸之路的山地户外运动线路。二是沿318国道的骑行和徒步线路。三是沿长江及两岸的山地户外运动线路。四是沿黄河及两岸的户外运动线路。

加快推动户外运动“三纵四横”空间布局。一是健全户外运动资源市场化配置机制，畅通户外运动产业生产、分配、流通、消费各环节，延伸我国户外运动产业链条，推动户外运动东部客源地与西部资源富集区实现供需有效对接。二是因地制宜打造区域特色户外运动产业。充分发挥京津冀、长三角、粤港澳等地区的经济和区位优势，发展高端时尚户外运动产业。鼓励西部地区把户外运动产业作为实施乡村振兴战略的重要着力点，开发一批以山地自行车、攀岩、汽车越野等为代表的户外运动项目，打造西南山地户外、西北戈壁极限越野、海南滨海运动、川藏线自行车运动等特色户外运动品牌，形成各具特色的户外运动产业集聚区和产业带。三是加快推进交通运输融合联动发展，统一规划设计建设户外运动交通基础设施，打造景观铁路、绿色步道、美丽公路等交通风景带、运动区。畅通户外运动集聚区与交通干线的连接，在机场、车站、客运码头等重点枢纽配建户外运动游客集散中心，提高户外运动沿线的空间可达性。四是积极引导户外运动消费从国外回流国内。抓住构建新发展格局的历史机遇，促进国内户外运动企业完善人员配备、设施建设、日常运营，提高供给体系对国内需求的适配性，以更加优化的产业空间布局迎接户外运动产业格局的深刻变革调整。五是引进国际优质户外运动资源，吸引国际户外运动企业总部、户外运动组织、高水平户外运动赛事与会展等落户中国，加强国际交流合作，促使国内国际双循环相互促进。

第四章

打造绿色便捷的全民健身新载体

场地设施是广泛开展全民健身运动的重要基础和载体，是构建更高水平的全民健身公共服务体系的“牛鼻子”。党的十八大以来，我国全民健身场地设施明显改善，人均体育场地面积达到2.2平方米，但是和人民群众日益增长的体育健身需求相比，全民健身场地设施在总量、结构、质量等方面仍然存在较大差距，人民群众“健身去哪儿”的问题尚未得到有效解决。要坚持以人民为中心，以老百姓举步可就为目标，与生态文明建设相结合，打造群众身边的体育生态圈，拓展全民健身新空间，推进健身设施绿色低碳转型，促进健身场地开放共享。

第一节　以新发展理念引领健身场地设施建设

理念是行动的先导，发展理念是否对头，从根本上决定着发展成效乃至成败。党的十八届五中全会首次提出了创新、协调、绿色、开放、共享的发展理念，这是在深刻总结国内外发展经验教训、深入分析国内外发展大势的基础上提出的，集中反映了我们党对我国经济社会发展规律的新认识。坚持新发展理念是当前和今后一个时期我国发展的总要求和大趋势。全面准确贯彻新发展理念，是顺利开启全面建设社会主义现代化国家新征程的科学指引，也是构建更高水平的全民健身公共服务体系，加强全民健身场地设施建设必须遵循的行动指南和重要保证。

一、以绿色和便捷为重点打造全民健身新载体

进入新发展阶段，打造全民健身新载体，要重点在绿色和便捷上下功夫。一方面，要把绿色作为基本底色。体育活动与大自然有着天然的联系，在自然环境中进行体育锻炼，对人的身心健康能产生更加有益的作用和影响。受新冠肺炎疫情、观念、体验等因素影响，人民群众更愿意在自然环境中进行体育锻炼，运动的同时，呼吸新鲜空气，欣赏宜人美景。要积极利用自然场景布局打造健身场地设施，将健身场地设施建设与生态文明建设紧密结合起来。同时，要更加注重绿色低碳转型，既要对已建成的场地设施进行绿色升级改造，改变依赖规模粗放扩张、高能耗高排放的建设方式，也要在

新建的场地设施规划、设计、建设等各环节中推广绿色建材和可再生能源，推进绿色低碳转型。

另一方面，要把便捷作为服务导向。坚持以人民为中心，在群众身边打造体育生态圈，提升学校、党政机关、企事业单位的场地设施开放共享度，提高利用率，与周边老百姓共享健身空间。运用5G等新一代信息技术为健身场地设施赋能，提升智能化水平，优化供给方式，提高参与度，增强可及性。

二、全面认识我国健身场地设施存在的突出问题

近年来，我国全民健身场地设施建设取得了突出成就，到2020年底，人均体育场地面积达到2.2平方米，但是人民日益增长的体育健身需要和健身场地设施发展不平衡不充分的矛盾较为突出，群众“健身去哪儿”的问题还没有得到有效解决。

健身场地设施总量不足。到2020年底，全国共有体育场地371.3万个，约是2015年（170万个）的2.2倍；体育场地面积31亿平方米，人均体育场地面积为2.2平方米，比2015年增加0.63平方米。但是，我国健身场地设施总量仍然不足，特别是经济发达、人口密集的东部地区和大中城市，健身场地设施的需求更大，供需矛盾更加突出。在一些大中城市的老旧小区，由于历史原因，新建或改扩建群众身边的健身场地设施难度更大，老旧小区缺少群众身边的健身场地设施是一个十分普遍的现象，人民群众对此呼声很高。

健身场地设施没有与城市发展同步规划建设。我国城市空间布局经历了由生产型城市到居住型城市，再到生活型城市的转变。

在生产型城市阶段，居民“筒子楼”和工业厂房交织在同一空间，“前厂后屋”是普遍状态，无公共服务设施配套，生活品质较低。在居住型城市阶段，居住区和生产区分离，生产区开始向城市周边迁移，单个居民小区逐步形成，公共体育、绿地空间等大幅被压缩。在生活型城市阶段，公共服务配套成为刚性需求，尤其是被城市化进程不断压缩的公共体育和绿色空间将逐步被重视和恢复。当前，我国一部分城市尚未实现从生产型城市到生活型城市的转型发展，健身场地设施没有成为衡量城市生活品质的重要标志，在城市建设过程中时常容易被忽略、被遗忘。

健身场地设施结构不合理。当前，我国健身场地设施中大中型体育场馆占比较高、群众身边的场地设施占比偏低。健身场地设施多按照服务大型体育赛事的综合性体育场馆进行功能设计，没有坚持服务全民健身的导向，没有充分考虑大型体育场馆赛后利用的问题，导致大型体育场馆容易出现赛后闲置，对周边居民开放又成本过高，大型体育场馆闲置与群众身边的场地设施缺乏的现象并存，与自然生态、生活空间相融合的户外健身场地设施存在较大缺口。

健身场地设施绿色发展理念体现不足。有的地方在推进健身场地设施建设过程中“场馆思维”“工程思维”依赖严重，在规划、设计和建设环节没有较好坚持绿色发展理念。在规划环节，有的地方缺乏对健身场地设施的整体规划，健身场地设施求大求全，没有充分与周边人口分布相适应，与城市风貌、城市文脉、城市精神不相协调，没有把健身场地设施建设与生态文明建设充分结合起来。在建设阶段，未能充分使用绿色建材和可再生能源，依旧延续“大量建设、大量消耗、大量排放”的模式。

此外，健身场地设施智能化水平不高、健身器材陈旧、更新换代慢，部分场地设施甚至存在安全隐患。有的大型体育场馆投资主体单一，社会力量参与运营不充分，同时还远离城区，交通不便，导致利用率低。

三、准确把握健身场地设施建设的关键着力点

以新发展理念为引领建设健身场地设施，要以创新为第一动力，以人口分布为依据，以老百姓举步可就、改善人民生活品质为目标，将健身场地设施建设与生态文明建设结合起来，强化资源集约利用和科技支撑，推动体制机制改革和供给方式创新，在规划、设计、建设各阶段加快大众化转型，由服务大型竞技赛事向服务老百姓日常健身转变，由贪大求洋向绿色生态和经济实用转变，平衡人与自然的关系，建设绿色生态、经济实用的全民健身新载体。

一是打造群众身边的体育生态圈。组织实施全民健身场地设施补短板工程，打造15分钟健身圈，提高体育健身数字化水平。二是拓展全民健身载体新空间，支持一批以体育公园为代表的贴近群众的健身设施建设，建立国家步道体系，补齐户外运动公共服务设施短板。三是推进健身场地设施绿色改造和智能化升级，控制大型体育场馆规模和数量。四是推动健身场地设施开放共享，积极盘活存量资源，以学校、党政机关、事业单位、国有企业为重点，推动健身设施开放共享。

第二节　打造群众身边的体育生态圈

打造群众身边的体育生态圈，要以群众就近就便健身为导向，以群众身边的健身场地设施为重点，既可以集中布局，也可以分布式多点布局，优先考虑在距离居住人群较近、覆盖人口较多、健身场地设施供给不足的位置建设场地设施，多维度拓展体育发展空间，将体育元素融入日常生活，加快从简单相“加”迈向有机相“融”的发展步伐，方便人民群众就近参与全民健身运动。

一、实施全民健身设施补短板工程

全民健身设施补短板工程是国家发展改革委、国家体育总局着眼于“十四五”时期我国全民健身场地设施建设面临的突出问题和发展趋势，运用中央预算内投资支持各地建设全民健身中心、公共体育场、社会足球场等群众身边的场地设施，推动构建更高水平的全民健身公共服务体系的重大工程。2021年4月，国家发展改革委、国家体育总局印发《“十四五”时期全民健身设施补短板工程实施方案》，明确了“十四五”时期建设目标和任务，中央预算内投资的支持内容和遴选标准。

实施全民健身设施补短板工程，推动形成供给丰富、布局合理、功能完善的健身场地设施网络。一是要科学布局，突出重点。根据经济发展水平、人口规模、存量资源等因素进行合理均衡布局。着力解决健身设施总量不足、结构不优、质量不高等突出问题。加大对脱贫地区、革命老区、民族地区、边疆地区的倾斜力度，加强与国家重大发展战略对接。二是因地制宜，经济实用。创新健身载体，合理确定建设内容和规模，注重方便实用，不搞标新立异，加强公益性、基础性服务供给。健身设施要与当地经济社会、人口资源环境、自然景观相协调，符合相关规划要求，做到绿色环保、朴素实用。三是政府引导，多方参与。充分发挥中央预算内投资“指挥棒”和“药引子”作用，综合运用地方政府专项债券、社会领域产业专项债券、商业信贷等多种资金渠道，充分调动地方政府和社会力量积极性，建立促进全民健身发展的长效机制。四是创新机制，加强监管。统筹基本和非基本公共服务，兼顾公平和普惠，运用“投资换机制”，支持具备优势的地方率先发展。进一步推进“放管服”改革，压实地方和部门责任，加强资金使用管理和项目实施督导检查，确保取得实效。

二、严格落实社区配套建设健身场地设施的要求

2014年，国务院印发的《关于加快发展体育产业 促进体育消费的若干意见》提出，新建居住区和社区要按照室内人均建筑面积不低于0.1平方米或室外人均用地不低于0.3平方米的标准，配建群众健身相关设施，并与住宅区主体工程同步设计、同步施工、同步投入使用。但是，由于开发建设单位缺乏具体的建设标准，部门之间缺乏有效的协调机制，难以实施有效的监督指导，导致政策落实力度不够，很多新建居住区和社区没有严格按照规定配建。一些房地产商为了追求利益最大化，在规划阶段留有体育用地，但在建成以后将体育用地改成商业用地，导致社区居民长期缺乏室内外健身

场地设施。

严格落实社区配套建设健身场地设施的要求，一是要严格将配套场地设施纳入施工图纸审查，验收未达标不得交付使用。在验收环节，对照施工图纸再次进行审查，与施工图纸不符的，不予结算。二是要建立部门协调机制，明确体育、规划、住建等部门的职责，根据事前、事中、事后的任务要求，通过机制创新、流程再造，合理确定工作流程和协作办法，细化配建标准，构建起既相互配合又相对独立、既环环相扣又互相支撑，既严格把关又简便易行的工作机制，切实打通政策落实最后一公里。三是激发企业积极性，倡导新建居住区建设新导向，让开发商深刻认识到一个小区是否拥有一定数量的健身场地设施是衡量一个小区生活品质的重要标志，推动配建健身场地设施成为显著的卖点和亮点，将“要我建”变成“我要建”。

三、支持社会力量建设百姓健身房

百姓健身房是由政府主导、依托社会力量合办，在社区内或周边设立，由社区提供社区用房，企业负责装修运营，实行免费或低收费开放的自助健身房。我国一些地方在建设百姓健身房上已经有了初步探索。早在“十二五”时期，上海市在全国率先提出建设百姓健身房，到2020年底全市已建成186个百姓健身房。2017年，温州市秉持“体育让生活更美好”理念，积极探索政府主导、社会参与的方式建设百姓健身房。通过百姓健身房覆盖范围的不断扩大，逐步实现全天候、全人群服务，形成较为健全的基层全民健身公共服务体系，有效缓解群众健身难题，切实增强群众幸福感、获得感。

目前，浙江省已建成百姓健身房超过1 000个，到2025年，浙江省将在全省建设3 000个百姓健身房，其他省市的百姓健身房建设也加快推进。

支持社会力量建设百姓健身房，一是对社会资本投资建设百姓健身房给予一定形式的支持，降低社会力量进入的制度性交易成本，探索一条民（资本型）建民（服务型）营的发展路径。二是鼓励有条件的企事业单位利用自有资源推进共享健身空间建设，进一步完善群众身边的体育生态圈。三是搭建社区体育公益服务平台，积极选聘社区、小区里的社会体育指导员、热心人士等组建百姓健身房志愿者团队，让社会力量参与百姓健身房的日常管理运营和维护，实现管理运营良性可持续。四是设置灵活审批程序，水、电费用执行民用价格，强化要素保障，降低社会力量运营成本。

专栏 4-1

温州通过百姓健身房 把幸福送到家门口

2017年9月，温州成为国家体育总局社会力量办体育唯一试点单位，被赋予探索深化体育改革的新使命。温州先行先试，完善居民区和社区全民健身设施，打造城市社区“10分钟健身圈”，首创了“百姓健身房”品牌。

百姓健身房按照城市服务半径不大于1.5千米或服务常住人口不少于2 000人、农村服务常住人口不少于1 500人的标准进行统筹规划建设。城市百姓健身房优先选择位于人口集中、交通便利、市政配套设施条件良好的区域布局，农村百姓健身房则布局在文化礼堂、村委会等村民活动较为集中的场所。百姓健身房有年卡、月卡和次卡，温州市体育局确定了“通用年卡不超365元”的收费上限。目前，温州市已建成百姓健身房246家，三分之二的百姓健身房免费对市民开放，三分之一实行低收费，收费每天不到一元。

为了进一步加强百姓健身房建设管理，温州市出台了《百姓健身房建设与服务规范》，这是国内首部关于百姓健身房建设与规范的地方标准，与温州市前期出台的《百姓健身房管理办法》《百姓健身房星级评定标准》，共同构成了百姓健身房建设、管理、评定“三位一体”完整体系。

四、建设国家全民健身信息服务平台

国家全民健身信息服务平台是运用物联网、云计算等新一代信息技术，促进体育场馆活动预订、赛事信息发布、经营服务统计等整合应用的重要举措。建立国家全民健身信息服务平台和公共体育设施电子地图，推动省、市两级结合实际建立本级全民健身信息服务平台，丰富线上健身设施查询预定、体育培训报名、健身指导等服务。平台的建设对于推动群众体育蓬勃开展，大力开展群众体育活动，提升科学健身指导水平，以及提升场馆科学管理水平，提高场馆利用率，提升全民健身公共服务能力具有重要意义。

2020年8月，由国家体育总局组织开发的全民健身信息服务平台及其微信公众号正式上线。全民健身信息服务平台已具备体育场馆免费低收费开放信息公开等功能，并逐步完善场地预订、赛事活动、赛事直播等功能模块。目前，该平台上已有上万个体育设施的开放服务信息，其中包括中央财政资金补助的1 000多个大型公共体育场馆信息。

建设国家全民健身信息服务平台，一是丰富内容，逐步与其他相关平台已有资源进行整合联通，及时更新相关版块内容，为群众提供内容丰富、有效精准的健身信息。二是整合资源，整合利用总局系统现有相关资源，按照《体育场馆信息化管理服务系统技术规范》和《全民健身信息服务平台数据接口规范》要求，指导各地将更多的全民健身服务信息数据接入该平台。三是提升功能，做好平台规划设计、开发建设、信息安全保障等工作，设计更加便捷的场馆预约等功能，推进平台规范化、标准化、集约化建设，充分发挥平台对推动构建更高水平的全民健身公共服务体系的积极作用。下一步，国家体育总局将统筹推进国家社区体育活动管理服务系统和国家全民健身信息服务平台建设，以国家全民健身信息服务平台为核心，整合全民健身信息与服务资源，推动构建省、市两级全民健身信息服务平台，推进各地区全民健身信息服务平台规范化、标准化、集约化建设和互联互通，形成全国全民健身服务“一张网”，优化群众体育管理方式，提升群众体育管理效率。

第三节　拓展全民健身新空间

在全民健身中心、公共体育场等传统的健身场地设施基础上，积极拓展全民健身新空间，对于多渠道扩大健身场地设施有效供给，有效解决群众“健身去哪儿”的问题具有积极作用。要建立国家步道体系，推进体育公园建设，补齐户外运动公共服务设施短板，积极打造与自然生态有机融合，具备体育健身、运动休闲、娱乐休憩等多种功能的全民健身新载体。

一、建立国家步道体系

国家步道体系是指以公益性为导向建立的，满足人民群众健身休闲、户外游憩、亲近自然等多种需求的慢行廊道系统，既包括穿越山地森林、河流峡谷、草地荒漠等自然地貌或历史文化遗址等中长距离步道，也包括一定区域内、满足周边人群健身休闲需求的短距离步道。建立国家步道体系，有利于拓展全民健身和休闲游憩的新空间，打造生态保护和国民教育的新载体，对于推进以人为核心的新型城镇化建设，巩固拓展脱贫攻坚成果同乡村振兴有效衔接具有重要意义。

专栏 4-2

国家步道体系主要功能

国家步道是一个复合空间，具有多种重要功能。

一是健康促进。国家步道延伸了全民健身空间，让体育锻炼回归自然，是健身休闲和户外运动的新载体。步道建设可以因地制宜，能够减少大型体育场馆的财政投入，让群众健身更加方便可及，被喻为“全民公共绿色健身器”。

二是休闲游憩。国家步道是服务全龄人口的高品质休闲游憩空间，具有自然和人文双重属性，可以为公众提供多样化的自然和人文体验，徒步其中可以舒缓压力、亲近自然、放松身心，感受荒野之美、人文之美。

三是遗产保护。步道施工讲究用最原始、最简单的材料铺设，最大限度地融入自然，减少对环境的破坏。步道可以将沿线的古村落、古驿道、历史遗址遗迹等串联起来，帮助守好老祖宗留给我们的宝贵文化遗产。

四是公民教育。通过步道的标识和讲解系统，一方面，公众可以了解生态奥秘，丰富生态知识，增强生态环保意识，更加热爱自然、敬畏自然。另一方面，公众可以了解多彩民俗文化，感受厚重历史底蕴，增长历史人文知识。

五是国家认同。国家步道是人民群众用脚步踏出的国家地标，是国家形象的“照片墙”，是国家精神的“连接带”。公众置身其中，能够充分体验“足尖下的中国”，可以极大激发爱国热情和民族自豪感，强化国家认同。

我国幅员辽阔，地形多样，历史悠久，自然和文化遗产灿若繁星，具备建立国家步道体系的自然和人文条件。我国步道建设起步较晚，还没有建立起全国统一的步道体系。现有的步道建设缺乏顶层设计和规划引领，突出表现为理念旧、破坏大、体系乱、距离短、规模小、标准缺等六方面问题。

建立国家步道体系，要坚持全国一盘棋，立足基本国情，坚持生态优先、绿色发展，更好发挥中央、地方和各方面积极性，整合国家森林步道、国家登山步道，增加国家历史文化步道，联通城市健身步道，构建横贯东西、纵贯南北、分层多类的国家步道体系。一是建立顶层设计。出台国家步道体系的顶层设计文件，依据自然地理、历史人文、人口分布等因素，整体规划国家步道布局。短期内，推动现有步道提质增效，恢复原真性，推动不同类型步道之间相互衔接、互联互通。中长期内，逐步建立横贯东西、纵贯南北、分层多类的国家步道体系。二是建立标准体系。按照道路、景观、教育、安全、服务和外围等六大模块，建立国家步道的标准体系。编制国家步道建设技术指南。建立全国统一的国家步道标识体系。制定社会力量参与国家步道建设运营的准入标准，保护好自然和文化遗产的原真性，确保保护和开发的有机统一。三是拓展资金渠道。发挥中央预算内投资在国家步道体系建设中的引导和撬动作用，带动地方、企业、开发性金融机构等投资建设国家步道。探索成立国家步道管理公司，打造国家步道文化标识，开发系列文创产品，用市场收益反哺国家步道日常管理维护，形成良性循环。四是完善配套政策。制定在户外、乡村建设休息、补给、救援等公共服务设施的“点状供地”政策。完善利用公共绿地、闲置空间、城市“金角银边”等场所建设城市健身步道的用地政策。出台在自然保护地开展特许经营的政策措施。培育参与步道管理维护的志愿者组织。五是理顺工作机制。建立“中央统筹、省负总责、分级管理、分段负责”的工作机制，一体谋划、一体推进。理顺部门责任分工，打破条块分割，避免各自为政。在积极性较高、条件较好的地方，重点打造一批国家步道建设示范项目，以点带面、逐步铺开。

二、推进体育公园建设

体育公园是以体育健身为重要元素，与自然生态融为一体，具备改善生态、美化环境、体育健身、运动休闲、娱乐休憩、防灾避险等多种功能的绿色公共空间，是绿地系统的组成部分，推进体育公园建设，对于满足人民群众日益增长的体育健身需求，改善人民生活品质，推进构建更高水平的全民健身公共服务体系具有重要意义。

建设体育公园面临重要的窗口机遇期，具备战略基础、民意基础和实施基础，一是以人为核心的新型城镇化建设提供了窗口机遇期。“十四五”时期，推动超特大城市瘦身健体，提高大中城市功能品质，推动县城城镇化补短板强弱项，对着力完善城市绿地系统，营建更多开敞空间，健全包括运动、休闲在内的公共服务设施网络提出要求，为各类城市开展体育公园建设提供了重要窗口机遇期。二是群众日益增长的体育健身需求提供了民意基础。新冠肺炎疫情之后，人民群众的体育健身需求被大大激发，对健康生活方式、城市空间规划提出了新要求，国民休闲活动将逐步替代“扎堆出行”和“扎堆消费”。以往钢筋水泥结构的公共体育设施远离城区，人员容易聚集，既不亲民也不便民，空置率很高。体育公园既能满足人民群众的体育健身需求，又能提供高品质的城市休闲空间，是人民群众喜闻乐见的全民健身新载体。三是多元投入机制提供了实施基础。目前，“十四五”时期全民健身设施补短板工程已将体育公园纳入支持范围，每年将对符合条件的体育公园项目安排中央预算内投资予以支持，体育彩票公益金支持体育公园购置健身设施设备。

财政资金、商业贷款、企业债券、开发性金融等多种资金渠道将形成有效合力，解决项目建设资金。

推进体育公园建设，到2025年，全国新建或改扩建1 000个左右体育公园，体育公园成为全民健身的全新载体、城市绿地系统的有机部分、改善人民生活品质的有效途径、提升城市品位的重要标志。一是坚持绿色生态底色，推动体育公园绿色空间与健身场地设施有机融合，体育公园绿化用地占体育公园用地的比例不得低于65%，充分利用自然环境打造运动场景。二是加强体育公园科学规划布局，与常住人口总量、结构和发展趋势相衔接，把体育公园作为新建城区健身场地设施的优先形态，合理确定体育公园建设规模。三是合理布局各类健身场地及配套设施，体育公园内既要有满足中老年人需求的健身步道、健身广场，也要有满足青少年需求的常规球类场地设施和满足儿童需要的活动设施，有条件的地方可以设置临时性、装配式的冰雪、游泳设施及小型船艇码头。四是提高运营管理水平，鼓励通过PPP、公建民营等多种方式支持企业和社会组织参与。推广智慧管理，加强人流统计、安全管理、场地服务和开放管理等功能，做好人员信息登记和人流监测。将体育公园内已建成的体育设施纳入市政公共设施养护管理，明确资金安排。

专栏 4-3

南宁市李宁体育公园 打造都市活力中心

南宁市李宁体育公园位于南宁市青秀区凤岭南路，与青秀山风景区相邻，占地面积约35万平方米，2011年1月15日正式投入运营，主要由体育运动区、文化活动区、极限运动区、亲子互动区、服务配套区组成。

南宁市李宁体育公园以“快乐运动、健康生活”为理念，以“打造全民健身乐园、都市活力中心”为宗旨，以“公益服务大众、惠及大众健康生活”为基础，围绕体育培训、体育赛事、休闲娱乐、体育健身四大板块布局，让市民在运动休闲的同时呼吸新鲜空气、欣赏宜人美景。室外运动区包括11个篮球场、5个5人制足球场，以及攀岩滑板、轮滑、休闲设施等，休闲娱乐区包括儿童、老人健康游玩场地。目前，通过免费或低收费开放，李宁体育公园每年惠及市民超过300万人次，参与体育培训的青少年超过10万人，组织体育赛事超过100场。

南宁市李宁体育公园将全民健身场地设施建设与城市绿地系统、城市文化建设有机结合起来，促进全民健身运动普及，传播优秀体育文化。南宁市李宁体育公园逐渐成为南宁市城市体育文化活动中心、运动休闲健身中心，有效提升了南宁市城市品质和活力。

三、完善户外运动配套设施

户外运动是指在自然环境中进行的，融合体育、旅游、娱乐、生态、休憩等多种元素于一体的健身休闲活动，包括健走、骑行、登山、冰雪、露营、水上等多种运动类型。当前，我国户外运动还处于成长初期，相当于一些发达国家二十世纪六七十年代的水平，面临较多制约因素，其中公共服务短板是制约户外运动发展的核心因素。要加强户外运动营地和配套基础设施建设，打造立体户外场景，优化户外运动发展环境，推动户外运动成为全民健身和消费升级的双支点。

完善户外运动配套设施，要通过规划引领、场景打造、资金引导、政策供给等多种方式，优化户外运动的发展环境。一是加强规划引领。积极发挥规划和政策的统筹引领作用，在相关专项规划中将户外运动发展作为重点内容予以支持，把户外运动公共服务设施建设作为以人为核心的新型城镇化和乡村振兴的重要内容，向市场主体发出积极进入信号。落实全民健身设施补短板工程实施方案，系统规划户外运动公共服务设施建设目标任务。二是打造立体户外场景。在城市，建设体育公园和健身步道，助力城市更新改造。在乡村，建设具有临时休息、更衣淋浴、医疗救护等多种功能的公共服务中心，以及生态停车场、公共厕所、污水处理、应急救援等配套设施。在自然保护区域，加大自然资源向户外运动开放力度，尊重户外运动和生态保护双重规律，尽量利用自然水体、山间古道等打造户外运动场景。三是加大资金支持力度。发挥中央预算内投资“指挥棒”“压舱石”和“药引子”作用，支持建设户外运动公共服务设施，带动各级政府综合运用财政资金、地方政府专项债、社会领域企业债、开发性金融等手段支持户外运动设施建设。支持各地对社会资本投资建设户外运动公共服务设施给予一定比例的补助。四是优化发展制度环境。发挥体育、住房城乡建设、自然资源、林草等部门的统筹协调作用，整合国家森林步道、国家登山健身步道，增加国家历史文化步道，建立国家步道体系。统筹解决户外运动公共服务设施建设和自然生态原真性保护的矛盾性问题。

四、支持气膜馆等新型健身设施建设

气膜建筑是近年来开始流行的一种新型建筑形态，相比一般的体育馆，气膜建筑以空气作为结构支撑，利用室内外气压差将膜材撑起，具有“低耗材、大空间”的特点，其建造方式属于装配式建筑，具有装拆灵活的特质。气膜体育馆配有智能控制系统，会根据感应器传递的温度、气压、外部风速等参数，智能控制风机的运行频率，对气压、风速、空气过滤、制冷或供暖量进行调节，达到最佳的舒适状态。不同于传统体育馆，气膜体育馆具有建设周期短、建造成本低、空间利用率高、维护使用简单、可反复搬迁等优点，应用前景非常广泛，特别是对于在北方严寒天气下开展体育运动，在南方地区普及推广冰雪运动具有重要作用。

支持气膜馆等新型健身设施建设，要出台气膜馆等新型场地设施的消防设计和审批标准，统筹多种资金渠道，有条件的地方建立气膜馆等新型健身设施快速审批通道，积极整合社会资源，广泛动员社会力量，探索专业化与普惠型相融合的运营模式。

专栏 4-4

深圳建设广东首座冰雪气膜馆

近年来，我国积极推动“北冰南展”，带动“三亿人参与冰雪运动”。但对于南方城市来说，屈指可数的运动场馆制约了冰雪运动的推广普及。深圳市为了让冰球运动真正在南国扎根，让普通人了解冰球，热爱冰球，2020年底，广东首个冰球气膜馆在深圳市龙岗区正式竣工。

该冰球气膜馆总占地面积3 808平方米，气膜馆内居中设置了一个标准冰球场，附设有运动员更衣淋浴室、教练室、阶梯式观众席等，观众席座位为792个，是深圳也是广东省的第一个冰球气膜馆。该冰球气膜馆将作为昆仑鸿星女子冰球队的训练场地，也是国家冰球队在南方训练和广东队备战大型运动会的重要基地。同时，该冰球气膜馆可用于举办俄罗斯女子冰球联赛等大型国际赛事，在非赛事期间可用于青少年冰球运动培训。

第四节　推进健身设施绿色低碳转型

2020年9月22日，习近平总书记在第七十五届联合国大会上提出，中国二氧化碳排放力争于2030年前达到峰值，努力争取2060年前实现碳中和。实现碳达峰、碳中和，是以习近平同志为核心的党中央经过深思熟虑作出的重大战略决策，事关中华民族永续发展和人类命运共同体的构建。构建更高水平的全民健身公共服务体系，要全面贯彻落实习近平生态文明思想，将健身场地设施建设与生态文明建设相结合，推动健身场地设施全面绿色低碳转型，共同促进碳达峰、碳中和目标实现。

目前，各地建设健身场地设施，“场馆思维”“工程思维”仍然较强，习惯建设大型体育场馆，建设投资大、运营成本高、赛后利用率低，往往容易闲置，形成面子工程，造成巨大的浪费。有的地方体育场馆规划设计，没有充分考虑节能降耗，建成后的体育场馆耗能大、成本高。此外，有的地方没有找准定位，出现了与城市风貌、城市文脉、城市精神不相适应的健身场地设施，严重影响了城市形象。

一、规划设计应充分贯彻绿色发展理念

一是要适合本地特点，以小型化、分散化、生态化方式为主，规划建设健身场地设施，降低建设和运营维护成本。倡导大分散与小区域集中相结合的布局方式，与周边自然生态环境有机融合。严格控制大型体育场馆的规模和数量，对确有必要建设的大型体育场馆，要从严审批、合理布局，兼顾全民健身使用。二是国家制定《绿色体育场馆运营评价通用规范》，将绿色体育场馆评价要求贯穿于体育场馆全生命周期，对体育场馆规划设计到运营管理的全过程进行绿色评价，促进体育场馆绿色可持续运营。三是积极推广绿色低碳建筑，鼓励消费者和生产者选择装配式、钢结构建筑等，减少建筑全生命周期消耗和建材排放。鼓励节能、实用、美观的建筑设计和施工原则，避免无效装潢、奢华装修、景观工程、形象工程等。新建体育场馆必须安装节水器具。四是要与自然环境相协调，充分融入自然，顺应原有地形地貌，不挖山、不填河湖、不破坏原有山水环境。保护传承城市历史文化和风貌，规划建设过程中不拆历史建筑、不破坏历史环境，保护好古树名木。

二、推动已建成体育场馆实施节能降本改造

一是要落实基本级绿色建筑要求，鼓励发展星级绿色建筑，加快推行绿色建筑和建筑节能节水标准，加强设计、施工和运行管理，不断提高绿色建筑的比例。推广应用绿色建材，发展装配式钢结构

等新型建造方式，全面推行绿色施工。提升能源使用效率，在健身场地设施中推广适应当地资源禀赋和需求的可再生能源。通过提升体育场馆屋顶光伏比例和实施光伏建筑一体化开发等方式，降低传统化石能源在体育场馆用能中的比例。二是坚持生态优先，尊重户外运动和生态保护双重规律。户外运动设施要充分考虑当地的自然环境，打造与自然环境相适应的运动场景，坚决不能逾越生态保护红线，不能破坏自然生态系统。三是提升公共体育场馆智能服务水平。运用物联网、云计算等新一代信息技术，促进体育场馆活动预订、赛事信息发布、经营服务统计等整合应用，支持地方建设一批智慧健身中心、智慧健身路径、智慧健身步道、配置智能室外健身器材的体育公园。

专栏 4–5

绿色成为北京冬奥会的最亮底色

北京冬奥会坚持绿色办奥理念，在场馆规划、建设、运行和赛后利用全过程中，落实生态保护优先原则，最大限度利用现有场馆和设施，按照绿色建筑标准建设或改造场馆和设施，高标准保护赛区生态环境，促进人与自然和谐。在44个冬奥场馆和设施中，现有场馆和设施25个（如鸟巢、水立方等）、临时场馆和设施6个（如颁奖广场等）、利用城市既定建设项目6个（如短道速滑训练馆、五棵松冰球训练馆等），共计37个是利用现有场地和设施进行改造的，占总量的84%。

北京赛区场馆实现了冬季、夏季项目场地转换功能，国家游泳中心水立方通过建设可移动、可转换场地结构，把游泳池改建为冰壶比赛赛道，五棵松体育馆能在6小时内完成冰球、篮球两种比赛模式的转换，国家体育馆变身冬奥冰球馆。在张家口赛区，云顶滑雪公园依托现有滑雪场而建，在施工时充分考虑土石方挖填平衡，赛道和场馆区域挖方约37万立方米、填方约35万立方米，多出的石方转而用于临建道路铺设、护坡、挡墙、排水等的建设。

第五节　推动健身场地全面开放共享

我国大量健身场地设施分布在社会、学校、党政机关、企事业单位，由于归属于不同系统，没有有效打通和共享，导致健身场地设施闲置与短缺并存，整体利用率不高。要以推动学校场地设施共享为重点，带动党政机关、企事业单位、国有企业带头开放健身空间。

一、推动学校体育设施开放共享

我国学校体育设施资源较为丰富，第六次全国体育场地普查数据显示，在全国体育场地中，教育系统管理的体育场地66.05万个，占38.98%；场地面积10.56亿平方米，占53.01%。近年来，我国积极推进学校体育设施开放共享，教育部、国家体育总局印发了推进学校体育场馆向社会开放的实施意见。但是，我国校园体育场馆对外开放尚未取得实质性突破，主要受限于以下三方面：一是校园安全缺乏保障。有些城区学校的场馆没有单独的社会通道，运动区和教学区混杂在一起，人员管理难度大。一些进出校园的锻炼者存在抽烟、乱扔垃圾、损害公物等不文明行为，给学校环境和人身财产安全带来隐患。二是事故责任难以界定。体育场馆使用频率增加，安全性难以保障。锻炼者身体素质各有差异，一旦出现意外损伤、溺亡事件等，事故责任难以认定。锻炼者之间的摩擦甚至斗殴，难以处理。学校承担风险责任过重，严重影响了开放场馆的积极性。三是场馆费用无人分担。学校体育场馆开放产生的人力和维护成本是一笔不小的支出。例如，北京市第十二中学目前已开放10张乒乓球台、10块羽毛球场地、2块篮球场，器材场地损耗及管理人员补贴每月2万多元，全年近30万元完全由学校承担。而现有的配套政策还不完备，能否收费、收费标准以及相关的工商税收政策等都有待明确。

推动学校体育设施开放共享。一是已建成有条件的学校要进行“一场两门、早晚两开”体育设施安全隔离改造。“一场两门”是指在学校体育设施中设置两个进出通道，分别服务在校学生和社会公众。“早晚两开”是白天学校上课期间，关闭社会公众的进出通道，仅供在校学生使用，在晚上放学后，关闭在校学生进出的通道，打开社会公众的通道，提高设施使用效率，实现学校体育设施向社会开放共享。二是新建学校在规划设计阶段，要符合开放条件。三是支持第三方对学校体育设施开放统一运营，探索推广“企业+合同+保险+付费”模式，即委托统一运营，解决场地资源分散的问题。签订法律合同，解决安全缺乏保障的问题。购买相关保险，解决事故责任界定的问题。合理分配收益，解决费用分担的问题。四是建立管理规范、监督有力、评价科学的学校体育场馆开放制度体系，鼓励有条件的地方对学校开放场地设施进行一定的资金补助。五是实行低收费和免费政策，可根据维持设施运营的需要向使用体育设施的人群收取必要的费用，收费标准应经当地物价部门核准，并向社会公示。对青少年学生、老年人、残疾人等原则上实行免费。

专栏 4-6

盐城积极推动学校体育设施全面对外开放

盐城市委、市政府高度重视全民健身工作，将“推动校园体育设施有序向社会开放”列入2019年惠民实事工程项目。2019年3月，盐城市人民政府办公室印发了《关于全面推行学校体育设施向社会开放的意见》，推出了一系列举措。

明确开放前提条件。一是开放区域相对独立、集中，与学校教育教学功能区有效隔离。二是开放时间相对固定，与学校教学时间错开。三是体育设施能基本满足群众健身需要，具备通风照明、消防安全、应急疏散和卫生服务等基本条件。四是学校体育设施视频监控系统和门禁系统等安全技防措施比较完备，安全管理制度比较健全。

进行开放设施改造。按照“统一开放标准、统一开放标牌”的要求，投入7 600余万元对不具备条件学校的体育设施进行改造升级，配齐配全隔离设施、独立通道、技防监控、消防安全、应急疏散和卫生服务等必要的设施设备。教育体育财政部门根据入校健身人数核算开放运营成本，从2019年起，市财政暂按每校（校区）每年15万元的标准补助日常运营和购买社会公众责任险等费用。

制定开放时间安排。一般在教学日和双休日、国家法定节假日早晚时段，每天开放不少于2小时。双休日、国家法定节假日、寒暑假期间，每天开放不少于8小时。在保证开放时长的前提下，学校可根据实际情况，结合季节、天气等因素合理确定具体开放时段。

制定风险防范措施。完善隔离设施，保证开放区域与学校教育教学功能区有效隔离。实行错时开放，保证开放时间与学校教学时间错开。实行容量管理，达到体育设施承载设定容量后，学校可限制人员进入。加强安全检查，消除开放安全隐患。健全管理制度，完善应急预案，加强过程监控，及时处置突发事件。开放学校按规定购买社会公众责任险，最大限度保证学校体育设施安全有序对社会开放。

从2019年秋季学期起，盐城市计划开放体育设施的510所学校已全部实现对外开放，开放比例达到80.2%。自开放以来共接待入校健身人群344万人次，极大缓解了人民群众日益增长的体育健身需求与公共体育设施不足的矛盾。

二、鼓励党政机关、企事业单位等健身资源开放共享

第六次全国体育场地普查数据显示，在全国体育场地中，行政机关管理的体育场地8.39万个，占5.11%；场地面积0.86亿平方米，占4.40%。事业单位管理的体育场地68.66万个，占41.81%；场地面积11.45亿平方米，占58.75%。企业管理的体育场地13.77万个，占8.38%；场地面积4.11亿平方米，占21.11%。虽然党政机关、企事业单位健身设施资源丰富，但是利用率不高、存量资源闲置现象突出，存在服务对象范围小、对外开放程度低等问题。

鼓励党政机关、企事业单位等带头开放可用于健身的空间，做到能开尽开。一方面，摸清底数，掌握党政机关、企事业单位和体

育部门的健身设施数量现状，评估健身设施开放的条件和潜在风险。出台支持社会力量开放小型体育场所的激励政策，鼓励推动私营企业开放自有健身设施。另一方面，坚持分类开放，根据主体单位性质，制定适合单位特点的向社会开放运营的管理制度，通过分类管理，有序高效促进各类体育场地设施向社会开放。

第五章

构建多层次多样化的赛事活动体系

构建多层次多样化的赛事活动体系，对于扩大群众参与、点燃运动热情、带动产业发展、提升城市形象等具有重要作用。近年来，我国赛事活动数量快速增加，在促进全民健身中发挥了重要作用，但同时还存在质量不高、多样性不够、体系不健全等问题。要加快推进赛事资源开放，落实赛事审批制度改革，优化与赛事有关的各类审批流程，大力培育品牌赛事活动，推动户外运动赛事活动发展，健全赛事活动安全保障机制，构建多层次多样化的赛事活动体系。

第一节　推动赛事活动体系繁荣发展

推动赛事活动体系繁荣发展，首先要做到“三个认识”，一要认识各类体育赛事在促进全民健身中的重要性，二要认识当前体育赛事活动发展的现状和问题，三要认识推动赛事活动发展的努力方向。

一、认识体育赛事活动在全民健身中的重要性

体育赛事活动以体育竞赛为核心要素，为人民群众提供竞赛产品和相关服务。根据参赛人员特点和办赛目标，体育赛事活动可分为竞技体育赛事、职业体育赛事、群众性体育赛事、青少年体育赛事等。其中，竞技体育赛事一般由专业运动员参加，主要是为了追求锦标目标。职业体育赛事主要由职业运动员参加，主要目标是通过提供职业比赛这一观赏性竞赛表演产品来实现商业目标。群众性体育赛事的参与者主要是人民群众，其目的是让更多的人参与体育锻炼、促进身心健康。青少年体育赛事则是针对青少年，旨在更好促进青少年积极参与体育锻炼、促进身心健康和全面发展，以及发现和培养竞技体育后备人才。赛事活动体系主要是指赛事活动供给的结构关系，涉及赛事的运动项目分布、时空分布、层次分布、市场内在关联等，结构优化、分布合理、关联紧密的赛事活动体系，不仅能够促进各项赛事自身的发展，也有助于赛事功能的实现。

对于促进全民健身而言，体育赛事活动更是不可或缺的要素，

不同类型的体育赛事活动，通过营造运动参与的氛围、培养运动参与的意识、提升运动参与的技能、激发运动参与的热情、创造运动参与的机会等，提高广大人民群众进行体育锻炼的广度和深度。此外，体育赛事活动还具有多重经济社会功能，例如促进消费、赋能旅游等相关产业发展、带动就业、促进增收等，特别是党的十八大以来，以户外赛事为代表的体育赛事活动在促进乡村振兴和区域发展、推动生态产品的价值实现中发挥了重要作用，成为实践习近平总书记“两山”理论的重要抓手。

专栏 5-1

赛事活动促进全民健身的宁海经验

浙江省宁波市宁海县依托全国第一条国家级登山健身步道，高密度举办各类商业性和全民健身赛事活动，截至目前，已经连续承办过亚洲山地户外运动挑战赛、全国露营大会等10余个国家级大型户外品牌赛事活动，成为首个承办“世界行走日”活动的县级城市，举办了宁海100公里越野挑战赛、Enduro自行车越野赛和“千里走宁海”等系列标志性的连续户外赛事活动。

户外赛事提升了宁海步道的影响力，吸引了大量户外运动爱好者到宁海，带动了当地旅游等相关产业的发展，促进了步道沿线地区的乡村振兴。众多户外俱乐部成功将居民从家中拉到了户外，在步道上进行户外健身已经成为宁海居民的生活方式，营造了浓厚的户外运动和健康生活方式的氛围，很多人周末“不是在去步道的路上，就是在步道上行走”。

近年来，每年行走在宁海国家登山健身步道上的市民、游客人数超过300万人次，每年参加“千里走宁海”活动的人数达到了3万以上。目前宁海有将近50家正式和非正式户外俱乐部，最大的俱乐部会员数量达到了8 000人。

二、认识体育赛事活动发展的现状和问题

近年来，我国体育赛事活动数量不断增多，类型不断丰富。一是大型竞技体育赛事带动作用加快显现。我国曾先后举办了北京亚运会、北京奥运会，未来还将举办北京冬奥会、杭州亚运会、亚洲杯足球赛等重大国际赛事。大型竞技体育赛事对于普及全民健身运动项目，塑造良好国家形象，激发人民群众的民族自豪感和自信心发挥着越来越重要的作用。二是群众性体育赛事蓬勃发展。除了在全运会和全国冬季运动会设置群众比赛项目外，还培育了多个全国性品牌赛事活动，例如，全国新年登高健身活动、“全民健身活力中国”系列赛事活动、“全国大众冰雪季”、全国群众冬季运动推广普及活动、“全民健身日”主题示范活动、“九九重阳”全国老年人体育健身展示活动、全国智能体育大赛、全国毽球及跳绳比赛及展演活动。三是职业体育赛事影响力不断扩大。除了足球职业联赛、篮球职业联赛之外，包括排球、乒乓球、羽毛球、围棋和象棋等运动项目的职业联赛也在稳步发展。四是青少年体育赛事体系整合工作不断推进。全国学生（青年）运动会引领作用不断加强，以田径、游泳、篮球、排球、乒乓球和武术等项目为主的全国体育传统项目学校联赛、全国青少年体育俱乐部联赛、全国青少年户外体育活动营地夏（冬）令营等赛事活动不断发展。

虽然“十三五”以来全国体育赛事活动数量实现了快速增长，但与人民群众快速增长的参与需求还存在较大差距。赛事的区域分布和人群覆盖面还很不均衡、赛事的项目多样性还不够丰富，赛事质量亟待提升，赛事的品牌效应还未充分显现，带动人民群众参与全民健身的效应还有待进一步释放。不同类型体育赛事发展不平衡，职业体育赛事发展较为滞后。

三、认识促进体育赛事活动发展的努力方向

构建多层次多样化的赛事活动体系，让广大人民群众有更多机会观赏精彩的专业赛事和职业赛事，打造人民群众身边的参与性赛事网络，实现天天有比赛、人人可参赛。大力发展学校体育赛事，促进体教融合，培养青少年体育锻炼习惯，助力青少年健康成长。加强各类赛事之间的连接贯通，实现不同赛事体系的协调发展。

推进赛事活动治理体系改革，明晰不同类型赛事活动举办过程中政府和市场的边界，政府要做好顶层设计，加强规划引领，制定针对不同类型赛事活动的支持政策。在发展赛事活动过程中，既要坚持发挥市场对资源配置的决定性作用，又要更好发挥政府作用，努力形成市场作用和政府作用有机统一、相互补充、相互协调、相互促进的体制机制。加快推进赛事资源的开放，为社会力量进入赛事领域创造条件。落实赛事审批制度改革，建立与之配套的监管体系，优化与赛事有关的各类审批流程，降低赛事举办的制度性成本。探索自然资源对户外赛事开放，提高稀缺资源的使用效率。健全赛事活动安全保障机制，守住安全底线和红线。

第二节　支持社会力量举办赛事

推进社会力量举办赛事，对于破解赛事供给不足、促进全民健身持续发展具有重要作用。做好社会力量举办赛事，要深入推进“放管服”改革，做好赛事服务保障、完善支持政策、推动规范发展等工作，为社会力量举办赛事营造良好的软硬件环境。

一、社会力量办赛事平稳起步

随着我国社会经济的不断发展，体育消费市场正在加速培育，体育消费文化逐步形成，体育赛事活动日趋丰富活跃，群众参与度稳步提升。但是，无论竞技性赛事还是群众性赛事，我国与发达国家仍然存在较大差距，体育赛事活动供给总量不足、服务质量不高、市场潜力未充分释放等问题尚未得到有效解决。从国内外的发展经验看，吸引社会力量参与办赛是破解这些难题的重要手段。

近几年，国家颁布多个促进体育产业发展的政策文件，明确了通过市场机制积极引入社会力量承办赛事的发展思路，并制定了专项行动方案，支持马拉松、自行车赛等群众性赛事活动发展。浙江、上海、江苏、四川等省市也不断加大社会力量办赛事的推进力度，特别是浙江省在深化社会力量办赛事改革方面走在全国前列。2017年9月，全国首个社会力量办体育改革试点落地温州，经过三年多的实践探索，试点工作取得了积极的成效，积累了有益的经验，形成了不少各具特色的好做法，也带动了浙江全省社会力量举办赛事遍地开花。

推进社会力量举办体育赛事，需要加大力度打造引导社会资本投资体育的良好环境，切实解决制约发展的各种不利因素，如体育行政部门赛事资源开放不足、赛事服务体系不健全、赛事安保不规范等问题，通过简政放权、放管结合、优化服务，完善社会力量办赛的承办范围，明确赛事承办标准，最大限度地开放体育资源，建立健全大型群众性体育赛事服务体系和安全保障体系，激发社会力量参与赛事的积极性，引导各类市场主体发展壮大，使其成为体育产业发展的重要推动力量。

专栏 5-2

蓬勃发展的马拉松赛事活动

近年来，国内马拉松赛事呈现井喷式发展。据中国田径协会统计，2013年马拉松相关赛事仅39场，2019年赛事数量达到1 828场，增长约46倍。马拉松在中国正从一项专业竞技赛事，逐渐发展为全民狂欢，成为众多跑者的饕餮盛宴，以至于马拉松参赛名额一票难求。据北京马拉松组委会统计，2019年北京马拉松共有165 704名跑友参与预报名，相比前一年增加了53 911人，增幅达48%，中签率低至18.1%，足见马拉松赛事的火爆程度。

作为健身休闲产业的重要组成部分，马拉松运动成为推动全民健身、弘扬体育文化、建设健康中国的重要平台，成为发展体育产业、推动体育领域供给侧结构性改革的重要引擎，有效带动了健身、休闲、娱乐、旅游以及设施装备等相关产业发展，引领健身休闲产业向纵深发展，促进体育产业提质增效，经济效益和社会效益都十分显著。

举办马拉松赛事是一个城市经济社会发展的缩影，随着城市基础设施建设的进步和人们健身热情的高涨，举办马拉松不仅可以增强人民体质、丰富群众业余生活，更有助于提升城市形象，打造城市品牌，带动经济发展。

二、完善社会力量举办赛事的措施

首先，公开赛事目录及承办标准，扩大赛事承办范围。

体育部门要定期公开全国综合性运动会、单项体育赛事目录，明确赛事承办标准。地方体育部门制定所辖区域的年度《体育赛事活动服务指导目录》，明确每年度可由社会力量申办的体育赛事活动、优先给予扶持的体育赛事活动，以及提供公共服务的范围、服务内容、收费标准等事项，为社会力量举办赛事提供指引。赛事活动的申办承办、组织服务等各方面政策要面向社会公开，按照公开、公平、公正的原则，选择承办方，吸引和支持社会广泛参与。进一步明确鼓励支持社会力量引进、举办赛事活动的方式，细化主办、承办、协办方等各方应履行的责任和义务，降低社会力量办体育赛事门槛。

全国性单项体育协会应充分发挥专业优势，加强体育赛事活动的标准化、规范化建设，制定出台本项目体育赛事活动组织的办赛指南和参赛指引。体育部门和体育协会应当为社会力量举办的体育赛事活动提供必要的指导和服务。体育协会可以根据体育赛事活动主办方和承办方的需求，提供必要的技术、规则、器材等方面的指导和服务。

其次，优化赛事行政审批流程，提升赛事服务水平。

严格执行《体育赛事活动管理办法》，规范赛事审批程序。加快制定赛事审批取消后的服务管理办法，逐步完善赛事监管和服务保障。针对商业性、群众性大型体育赛事活动，体育部门应当积极协调推动地方人民政府，建立体育、公安、卫生等多部门“一站式”服务机制或部门协同工作机制，优化赛事使用道路、空域、水域、无线电等行政审批流程。

体育部门要不断提高服务保障水平，健全赛事指导和服务制度，根据体育赛事活动主办方和承办方的需求提供赛事指导和服务。体育协会要做好赛事活动组织者及相关从业人员业务培训，选配组织体育赛事活动经验丰富的专家担任体育赛事活动指导员，参与体育赛事活动现场指导，帮助赛事举办方提高赛事组织管理水平。

最后，加强赛事安全管理，完善监管机制。

适时修订《大型群众性活动安全管理条例》，完善体育赛事安全管理机制。赛事承办方应当做好体育赛事活动各项保障工作，负责体育赛事活动的安全，对重要体育赛事活动进行风险评估，制定相关预案及安全工作方案，并督促落实各项具体措施。主办方直接承担体育赛事活动筹备和组织工作的，履行承办方责任。制定合理的赛事活动安保标准，推动体育赛事活动安保服务社会化、市场化、专业化发展。加大对赛事参与人员的专业培训和安全教育，组织开展灾害预警、应急指挥、人员疏散和搜救等应急演练，增强应急处置能力，努力提升防范化解赛事风险的能力和水平。

体育部门要建立健全体育赛事活动监管工作机制，综合运用多种监管手段，充分发挥“互联网+监管”功能，加快实现各相关部门、各层级和各领域监管信息共享和统一应用，实现综合监管、智慧监管、动态监管。体育部门在体育赛事活动举办前或举办中发现涉嫌不符合体育赛事活动条件、标准、规则等规定情形的，或收到有关单位、个人提出相关建议、投诉、举报的，应当及时予以处理。探索建立体育赛事活动信用评价体系，不断推动建立并完善对体育赛事活动组织者、参与者的守信联合激励对象、失信联合惩戒对象名单制度和信用联合奖惩等制度，实施体育市场退出机制。

专栏 5-3

浙江推进社会力量办赛成效显著

2020年12月7日，浙江省政府印发《浙江省人民政府关于鼓励支持社会力量办体育 加快推进体育改革与发展的若干意见》（以下简称《意见》），再次明确鼓励支持社会力量举办体育赛事活动，深化体育赛事审批制度改革。

《意见》提出，对举办各类体育赛事涉及的安全许可和空域、水域、无线电使用等行政审批事项，进一步优化审批流程，公开全省综合性运动会和单项体育赛事目录及承接标准，支持利用市场机制引入社会资本承办赛事。统筹现有资金渠道建立扶持体育赛事机制，充分利用扶持体育发展专项资金等现有资金渠道，加大对职业体育俱乐部和品牌体育赛事的扶持力度。对职业体育俱乐部，按项目类别、联赛等级、投入规模和年度名次等给予一定扶持，对品牌体育赛事按项目类别、赛事等级、规模、影响力、实际投入等给予一定扶持。

2020年，浙江省体育局委托发布了124项青少年体育系列赛承办权竞招信息，这是从部门办体育赛事向社会办体育赛事的一次改革创新和实践探索，对包括田径、游泳、艺术体操、蹦床、足球等43类赛事活动项目的意向承办方进行报名登记及组织遴选，这也是浙江省体育局首次通过专业中介平台面向全社会公开竞招体育赛事承办方，是对办赛运作机制的一次创新。目前浙江省半数以上品牌赛事都有社会力量参与。

从2017年社会力量办体育全国试点落户温州，到2020年省政府印发《意见》，社会力量办赛事在浙江省有了星火燎原之势，对于进一步激发市场活力，提升老百姓看得见、摸得着的幸福感和获得感发挥了积极作用。

第三节　培育品牌赛事活动

培育各类品牌赛事活动，有利于提升赛事活动的影响力，形成多层次多样化的赛事活动体系。要着力培育青少年体育赛事、业余竞技体育赛事、职业体育赛事、群众性体育赛事等各类品牌赛事活动，夯实发展基础，提升发展能级，满足广大人民群众多样化的赛事观赏和参与需求，扩大各类人群参与赛事活动的覆盖面。

一、建立青少年赛事体系

青少年是13～19岁年龄段群体，主要为在校中学生和大学生。现阶段，我国有两套并行的针对青少年的体育赛事体系，即体育部门主办的青少年赛事和教育部门主办的学生体育赛事。体育部门主办的青少年体育竞赛活动，主要包括国家体育总局主办的全国青年运动会，由国家体育总局职能部门以及各单项运动协会主办的全国青少年单项联赛制赛事、单项赛会制赛事、U系列赛事、体校U系列锦标赛和体育传统项目学校联赛、全国青少年体育俱乐部联赛等。教育部门主办的全国学生体育赛事，主要包括由教育部、国家体育总局和共青团中央联合主办的全国学生运动会，中国大学生体育协会和中国中学生体育协会及其下属分会主办的全国学生单项联赛制体育赛事、单项赛会制体育赛事等。

现行的体育部门和教育部门主办的两套青少年赛事体系，在目标定位、项目设置、参赛资格、年龄组设置等方面不相协调，不利于深化体教融合、推动青少年文化学习和体育锻炼协调发展。在目标定位上，体育部门主办的赛事更多关注体育后备人才的选拔，通过比赛发现、培养有潜力的青少年运动员。教育部门主办的赛事主要目标是推动学校体育工作全面发展，推动校园体育文化建设。在项目设置上，前者主要围绕奥运会项目、民族传统体育项目，后者主要集中于学校广泛开展的运动项目。在参赛资格上，体育部门主办的全国青少年体育赛事主要面向青少年运动员、体校学生、青少年体育俱乐部学生、青少年体育传统项目学校学生等。教育部门主办的全国学生体育赛事面向全日制在校、在读的普通初中、普通高中和高等学校的学生。在参赛年龄组设置方面，体育部门主办的全国青少年体育赛事主要是U系列年龄组设置，以适应国际比赛的需要。教育部门主办的全国学生体育赛事则以学段划分，小学、初中、高中、大学等，以适应学生学校学习的需要。

在我国深化体教融合、促进青少年健康发展的背景下，要破除壁垒，将教育、体育部门的赛事体系进行融合，根据“一体化设计、一体化推进”原则，构建新时期青少年赛事体系，促进青少年健康发展，培养德智体美劳全面发展的社会主义建设者和接班人。

一是积极构建面向全体青少年的赛事活动体系，着力强化青少年体育训练体系，加快完善青少年体育竞赛体系。要加强体育部门与教育部门的沟通协作，帮助教育部门丰富完善学校竞赛，拓展竞赛项目数量，强化比赛组织保障，提升比赛竞技水平，消除赛事壁垒，加快赛事体系整合。

二是建立分学段、跨区域的四级青少年体育赛事体系。整合体育部门主办的全国青运会、U系列比赛等青少年体育赛事，以及教育部门主办的全国学生运动会、学校体育赛事，推进体育部门和教育部门组织的赛事有机融合，构建符合青少年生长发育规律和学校教育规律的小学、初中、高中、大学四级青少年体育赛事体系。青少年赛事的安排采取平日校内比赛、周末校际比赛、节假日跨区域比赛、假期全国性比赛的形式，并与职业竞赛体系有机衔接。体育部门和教育部门共同负责青少年体育赛事体系的运作，共同拟定赛事计划，统一注册参赛资格，为在校学生的运动水平等级认证制定统一标准并共同评定。

三是各大中小学校积极广泛开展校内竞赛活动，组建校级代表队，参加区域联赛乃至全国联赛。支持大中小学校成立青少年体育俱乐部，建立衔接有序的体育俱乐部竞赛、训练和培训体系，提高运动竞技水平。鼓励建设高水平运动队的高校全面建立足球、篮球、排球等集体球类项目队伍，鼓励有条件的中学建立足球、篮球、排球学校代表队。

四是充分发挥单项运动协会专业性优势，履行好赛事设计、组织、审批、认证、管理和监督的职能，以足球、篮球、排球、冰雪等运动项目为引领，促进青少年体育赛事的精准定位和健康发展。教育部门、体育部门共同制定社会体育俱乐部进入校园的准入标准，支持社会体育组织为学校体育活动提供指导，普及体育运动技能。有条件的地方可以通过政府向社会体育组织购买服务的方式，为缺少体育师资的中小学校提供体育教学和教练服务。

二、构建“三大球”业余竞赛体系

足球、篮球、排球等“三大球”是全民健身的重要事业，国民经济的重要产业，体育强国的重要标志，民族精神的重要载体。特别是中国女排和中国女篮多年来在国际赛场上精彩表现，极大地激发了全国人民的爱国热情、振奋了民族精神。“三大球”是世界各国公认的衡量一国体育发展水平最重要的指标，也是职业化程度最高、关注度最高、社会价值和商业价值最高的项目。要坚持开放办体育，推动举国体制与市场机制相结合，形成国家办与社会办相结合的“三大球”训练、竞赛和后备人才培养体系，引导群众积极参与，拓展全民健身活动的广度和深度。

近年来，“三大球”业余赛事发展取得了长足进步，从国家体育总局各单项协会主办的全国性赛事，到各地开展的区域性赛事，兴起了“三大球”业余赛事热潮。中国足球协会会员协会冠军联赛（简称中冠联赛）由全国足球业余（丙级）队联赛发展起来，是全国性足球业余赛事，在中国足球业余联赛历史上具有标志性意义。作为最接地气的一级联赛，中冠联赛对于城市足球氛围有着至关重要的作用，有效带动了草根球员和广大足球爱好者积极参与运动。中国篮球协会主办的贺龙中国业余篮球公开赛，是我国规模最大、参与者最广泛、最受观众瞩目的业余篮球赛事，从2005年成立至今已有16年历史，对我国业余篮球赛事发挥了引领作用。除了这些传统业余赛事，近几年北京、上海等地还大力推出多项影响力大、参与度高、社会效益好的业余赛事。如北京开展的北京城市足球联赛、北京社区足球联赛、北京篮球联赛，北京市体育大会“三大球”系列赛事。上海举办的上海城市业余联赛，涵盖包括“三大球”等多个品牌赛事，以及其他多种运动项目的系列赛事，对提高市民身体素质、提高体育健身人口、提高社会参与程度发挥了积极作用。

在看到成绩的同时，我们更要重视发展中存在的问题。客观地讲，当前“三大球”业余赛事发展还存在许多突出问题，缺乏系统性的顶层设计，尚未建立完善的赛事体系，赛事管理机制还不健全，赛事规模和种类还不能满足人民群众日益增长的多样化、个性化赛事需求。应积极探索中国特色的“三大球”发展道路，努力建设“三大球”业余竞赛体系，全面推动“三大球”运动的普及和提高。

一是大力普及“三大球”运动，加快推进“三大球”在县域、社区和乡村发展。广泛开展社会“三大球”赛事活动，立足社区、学校、单位，鼓励因地制宜、多种形式组建社区球队。支持党政机关、企事业单位、人民团体、基层部队开展常态化的内部竞赛活动，实现与城市联赛、杯赛体系相衔接，成为业余竞赛体系的重要组成部分。完善竞赛体系结构，扩大竞赛规模，增加竞赛种类，形成赛制稳定、等级分明、衔接有序、各类人群广泛参与的“三大球”业余竞赛格局。

二是构建业余赛事管理协同机制，为群众性体育赛事的举办提供便利和赛事指导。广泛开展“三大球”业余教练员培训工作，提升业余竞赛组织水平。通过安排专项资金、政府购买服务和提供公共资源等方式，鼓励支持社会力量举办形式多样的“三大球”业余竞赛活动、体育培训及体育中介活动，形成组织、企业、社会共同发展“三大球”业余赛事的合力。做好社会“三大球”活动的宣传推广，评选草根名人，营造“三大球”项目“运动普及化、活动常态化、赛事多样化”的良好氛围，充分发挥“三大球”业余赛事在和谐社会建设中的重要作用。

专栏 5-4

梅州市打造足球发展新模式

近年来，梅州市探索出一条“政府引导、社会参与、企业支持”的足球发展特色模式，实现了从“两甲一超”、“一甲一超”到“一城双超”的历史突破。

抓组织体系建设。实施“三足”工程。构建市、县两级“足办、足协、足校”体系，建立市、县、镇三级足球行政和社会组织。目前，全市共有业余足球俱乐部100多个，镇级足协65个，占全市镇（街）总数的60%。

抓足球场地建设。实施“三进三边”工程。“三进三边”工程，即足球场进学校、进乡村、进景区，实现路边、村边、山边都有足球场。截至2020年底，全市共有1 022块足球场，每万人均达2.65块，成为全国足球场建设的排头兵。

抓人才队伍建设。实施“百千万”工程。构建以中国足协梅州青训中心为统领，职业足球俱乐部、社会足球俱乐部、专业足球学校、市县体校和校园足球协调发展的“1+5”模式青训体系，积极吸引优秀足球人才，基本形成了一支足球发展的“百千万”队伍。

抓赛事体系建设。实施两个“四大”工程。建立了职业、社会、青少年三类主体全覆盖，市—县—镇—村四级区域全覆盖，体育、教育、社会三个系统衔接有序、等级分明的竞赛体系，形成社会足球联赛、村镇联赛、校园联赛、职工联赛等四大联赛和足协杯、青年杯、七一杯、客家杯等四大杯赛赛事品牌，每年举办各类足球赛事5 000多场次。客家杯“一带一路”国际足球邀请赛已成为广东十大品牌赛事，踢球、看球、议球成为梅州市民的日常生活方式。

抓足球产业发展。实施“一县一品”工程。编制《梅州市体育新兴产业规划》，制定足球产业扶持政策，认真谋划“一县一品”工程，推动足球产业健康可持续发展。

2021年11月，梅州市第八次党代会明确提出，要继续“实施第二个足球振兴十年规划，创建全国足球发展重点城市”。2021年12月22日，梅州客家以读秒进球冲超成功，拿到了2022赛季中超的入场券，实现了“一城双超”的历史突破。

三、培育具有世界影响力的职业联赛

从20世纪80年代起，职业体育在全球范围内得到快速发展，到90年代形成了一波发展高潮，欧美职业体育达到一个较高的发展水平。进入21世纪，以美国职业体育赛事和欧洲五大联赛为代表的职业体育达到空前的发展高度，引领世界职业体育发展，成为推动体育产业的重要力量。

从1994年中国足球改制、足球联赛的市场化探索，到2015年足球全面改革，我国职业体育初步形成了俱乐部体制、专业化市场、商业化运营机制。当前，我国职业体育还处在探索与发展阶段，其综合实力和市场化水平较低，与西方发达国家职业体育发展水平还有很大差距，难以满足人民群众多样化的体育消费需求，距离建设体育强国的奋斗目标还有一定距离。

最近几年，中超、CBA等联赛加大改革力度，比赛的精彩度和观赏性明显提升，现场观众人数持续增加。然而，与其他职业体育发达的国家相比，仍然存在较大差距。以中超联赛为例，按照中国足协公布的数据，2017/2018赛季全部到场观众人数达到577.3万人次，平均到场观众人数为2.4万人。但是和德甲上座率相比，仍然差距明显，按照德甲联赛官方公布的数据，2017/2018赛季场均到场观众人数达到4.1万人。根据美国娱乐与体育节目电视网（ESPN）发布的数据，在2017/2018赛季，美国职业橄榄球大联盟（NFL）总体上座人数为1 725.3万人次，平均每场比赛上座人数为6.7万人。可以看出，尽管中超联赛经过多年运营，取得了长足进步，但和国际顶级职业赛事相比还有很大差距。从到场观赛人数占总人口比例看，中国四大联赛（中国足球协会超级联赛、中国男子篮球职业联赛、中国职业排球联赛、中国乒乓球俱乐部超级联赛）2015/2016赛季现场观众总人数为842.4万人次，占全国总人口的0.59%，北美的四大联赛（美国职业橄榄球大联盟、美国职业棒球大联盟、北美职业冰球联赛、美国职业篮球联赛）一个赛季现场观众人数达到13 473万人次，约占美国和加拿大总人口的39.2%。同为亚洲国家的日本和韩国，其最流行的职业棒球联赛现场观众人数，日本联赛（NPB）达2 280万人次，占人口总数的17.9%，韩国联赛（KBO）为834万人次，占全国总人口的16.3%[①]。

我国大力发展职业体育有很多有利条件：一是体育消费人口基数大、消费能力较强，有足够的市场规模支撑职业体育的运行。二是社会资本充裕、政策支持力度大，能够满足职业体育发展的资金需求。三是互联网技术先进、应用普及度高，可以形成庞大的用户群体。四是体育基础设施建设投资力度大，场馆场地布局日趋完善，具有坚实的场地设施基础。要进一步提升我国职业体育发展水平，需在以下几个方面下功夫：

一是大力发展职业赛事，完善职业赛事体系。大力发展足球、篮球、排球、乒乓球、羽毛球、冰球、围棋等职业联赛，建立体系完整、布局合理的职业联赛架构。鼓励网球、自行车、拳击、赛车等具备条件的运动项目举办职业赛事，建立具有独立法人资格的职业联赛理事会。着力提升竞赛水平和组织管理水平，优化市场环境，做好市场开发，确保体育赛事活动安全、有序、文明开展，培育形成具有世界影响力的职业联赛。积极探索适应中国国情和职业体育特点的职业运动员管理制度，借鉴“名人堂”等国际经验建立职业体育荣誉体系，推动实现俱乐部地域化。

二是完善职业联赛管理和运营机制。加强竞赛体系设计，逐步扩大职业联赛的参赛队伍，优化升降级制度，提高职业联赛的竞争和激励水平。推进职业联赛管理现代化，推动俱乐部股权多元化改革，完善职业俱乐部现代治理结构，实施职业联盟自主管理与运营，

① 江小涓.职业体育与经济增长：比赛、快乐与GDP［J］.体育科学，2018，38（6）：5-15.

不断提升联赛运营管理水平，增强俱乐部的盈利能力。

三是营造公平竞赛环境，强化俱乐部社会责任。充分发挥行业监管和社会监督的作用，强化公平竞赛环境，抓好裁判队伍建设，杜绝“假赌黑”现象。强化职业俱乐部和职业联赛的社会责任，严格执行职业俱乐部支出限额和球员薪资政策，开展职业联赛进校园、进社区的主题文化活动，提升联赛品牌价值。

四、打造群众性特色体育赛事

近年来，国家体育总局和各地各级政府积极推进群众体育发展。国家体育总局组织推动举办全民健身赛事活动，推动完善全民健身赛事活动体系建设，持续推动部分运动项目中心（协会）积极培育群众性品牌赛事活动，举办多项全国群众性顶级赛事，通过省、市、县、乡、村层层办赛、选拔，扩大参赛规模，使优秀队伍进入总决赛，提高社会影响力。支持举办好社会足球赛事活动、广播体操推广和群众冬季体育运动。国家体育总局组织举办全国新年登高健身活动、全国群众冬季运动推广普及活动、“全民健身日”主题示范活动、全国毽球及跳绳比赛展演活动等。国家体育总局社会体育指导中心从2015年主办全国广场舞大赛系列赛，给广大广场舞爱好者提供一个交流展示的平台，更好地引导、扶持、推动全国广场舞运动健康有序发展。

新冠肺炎疫情发生后，国家体育总局印发《关于大力推广居家科学健身方法的通知》，部署各地体育部门结合当地实际，普及科学健身知识，推出简便易行、科学有效的居家健身方法。组织开展线上全民健身赛事活动，如“我与冠军PK”家庭健身项目线上挑战赛、全国象棋业余棋王赛、全球太极拳网络大赛、2020年全国健身气功网络视频系列大赛等网络赛事活动。

专栏 5-5

少数民族体育盛会——壮族三月三·民族体育炫

壮族“三月三”是国家级非物质文化遗产项目，原本是以唱山歌为主要活动内容的祭祖节日，又叫歌节，是广西少数民族传统节日。2016年，广西壮族自治区体育局打造“壮族三月三·民族体育炫”系列品牌活动，目前已经发展成为促进民族团结进步，丰富人民群众体育活动，加强全民健身和全民健康融合发展，传承民族传统项目，展现壮美广西新风貌的民族体育盛会。

2021年，“壮族三月三·民族体育炫”活动以“永远跟党走 奋进新征程”为主题，采取区、市、县、乡四级联动，线上线下相结合的方式举办系列活动，共设置了广西民族体育炫、广西红色体育之旅、百年百城百万舞红八桂、广西绿色生态运动、广西运动健康消费大行动、广西体育云赛等六大系列活动，包括309项体育赛事活动，项目众多，内容新颖，形式多样，举办地域广阔，以满足各族群众参与体育运动的需求。

兴安县是2021年“壮族三月三·民族体育炫”活动主会场，花炮、珍珠球、板鞋竞速、高脚竞速、陀螺、独竹漂、舞狮等7个民族传统体育项目的比赛也在当地举行，14个设区市组队参赛。“广西绿色生态运动系列”发动各市、县依托本地特色资源，开展各类绿色生态运动赛事活动，重点举办2021年“奔跑吧广西”生态马拉松系列赛（贺州站）暨黄姚古镇生态马拉松赛、“重走长征路 翻越老山界”广西兴安县登山赛等一系列马拉松、自行车、徒步等赛事活动。

打造群众性特色体育赛事，一是筹划创办中国户外运动大会和全民健身运动会，因地制宜开展群众性特色体育比赛，形成丰富多彩的赛事体系。以满足大众体育需求、促进大众身心健康发展为办赛目的，突出地域特色、文化习俗、自然环境、民族风情等元素，大力开展形式多样、内容丰富、参与性强、群众喜闻乐见的特色赛事，满足群众运动健身、娱乐身心的需求。培育面向不同年龄、不同群体、分层分类的赛事活动，形成专业赛事普及系列、全民健身主题赛事系列、民族传统体育赛事系列、文化节庆赛事系列、地理特色赛事系列等各具特色的赛事体系。发挥政府、企事业单位、社区等对全民健身的引领作用，就普及较好的运动项目举办城市体育联赛，激发城市活力，加强地区间体育文化交流。

二是推动体育赛事专业运营和业余推广普及相结合，促进专业体育赛事与全民健身联动，将足球、篮球、排球、乒乓球、羽毛球、网球等群众基础好的专业赛事项目大众化、节庆化，融入更多文化娱乐和时尚元素，打造“全民参与、全民欢乐”群众体育赛事嘉年华。深入挖掘地方体育传统项目，结合群众体育锻炼习惯，充分利用传统节日、重要节点等，发展具有浓郁地域风俗的群众性体育赛事活动，如自行车、拔河、武术、智力运动、旱地冰球、赛龙舟、路跑、广场舞等，不断丰富群众性体育赛事的内容和形式。鼓励群众自发性健身组织充分利用自然资源条件和城市空间，举办广场舞、健步走、自行车、登山、棋牌等健身活动。

三是加大对本土体育赛事扶持力度，培育彰显地方特色的赛事活动。各地体育部门要深挖地方特色，加强对品牌赛事的规划培育，谋划一批具有广泛群众基础、彰显地方特色的赛事，创建“一城一品”活动。体育部门要大力扶持一批本土赛事运营龙头企业，从政府公共服务采购、赛事服务、赛事转播、赛事宣传等多方面，加大对优秀自主品牌赛事的支持力度，增强企业运营能力。

四是构建群众性体育赛事发展新模式，积极组织开展群众赛事各项活动，制定扶持引导政策，积极培育市场运营主体，激活市场活力和赛事承办能力，保证赛事产品供给充足，推动政府、市场、协会、社会团体、民众等多元主体共同参与赛事发展。

专栏 5-6

上海优化赛事活动布局 创建全球著名体育城市

赛事是全球著名体育城市建设的核心要素。2020年10月，上海市人民政府办公厅印发《上海全球著名体育城市建设纲要》，提出着力提升赛事品质、优化赛事格局、提高观赛体验、扩大赛事参与、放大赛事效应，加快建成世界一流的国际体育赛事之都。

举办更具影响力、更高品质的国际顶级赛事。高水平办好F1中国大奖赛、国际足联俱乐部世界杯等国际顶级赛事，持续提升赛事专业度、关注度、贡献度。陆续引进符合上海城市特点、具有良好社会基础和市民观赛需求的国际重大赛事，大力提升上海自有品牌赛事国际影响力，让市民群众有更多机会近距离欣赏精彩国际赛事。充分发挥长三角三省一市各自比较优势，共同申办举办顶级国际综合性赛事和国际单项赛事。

打造天天有比赛、人人可参赛的群众体育赛事。用好市民运动会、城市业余联赛等群众体育赛事平台，重点培育跳水、乒乓球、射击、自行车、花样游泳、击剑、体操、射箭、现代五项、羽毛球等优势项目赛事，鼓励举办智力运动、武术、龙舟、舞龙舞狮、九子、门球、海派秧歌等传统运动项目赛事，积极举办棒垒球、网球、空手道、攀岩、帆船、街舞、轮滑、滑板、滑冰、城市越野滑雪等时尚项目赛事。

发展竞技水平高、市场活力强的职业体育赛事。深入推进竞技体育社会化、职业化发展，优化竞技体育项目布局，形成奥运优势项目更优、传统基础大项更强、集体球类项目和城市特色项目更具特色的发展格局。完善俱乐部管理制度，壮大职业体育俱乐部和职业联盟。打造足球、篮球、排球百年俱乐部，支持自行车、乒乓球、羽毛球、赛车、网球、棒球、橄榄球、电子竞技等市场化程度高、基础条件好的运动项目成立职业俱乐部，打造具有上海城市特色的职业体育精品。

第四节　推动户外运动发展

近年来，全民健身呈现出新趋势和新特点，人民群众更愿意在自然环境中进行体育锻炼，更加注重与国民休闲、自然生态相结合，回归自然、亲近自然的户外运动越来越受到青睐。户外运动产业具有关联性强、产业链长的特点，可以为扩大体育消费、增加就业机会、拉动经济增长提供有力支撑和持续动力。

截至2019年11月底，我国约有1.3亿人参与户外休闲活动，有6 000万人热衷参与徒步、登山、露营等户外活动[①]。在发达国家，户外运动产业增加值占GDP的比重可达到2.2%左右，每年可创造8 000多亿美元的消费，仅次于医疗、金融保险等行业，是制药、汽车等行业的两倍左右。但是我国户外运动产业还处于成长初期，相当于一些发达国家20世纪70年代的水平。从产业分布来看，徒步、宿营占据半壁江山，航空和水上运动体量偏小。冰雪运动发展迅速，但多为入门体验。钓鱼和自行车运动群众基础广泛，但产业化程度不高。汽车摩托车运动、探险文化尚未形成，开展运动的限制性因素也较多。从资源分布来看，资源与市场相对错配，客源地位于东部，而顶级资源位于西部。从消费层次来看，国内户外服务业尚未成熟，中低端户外消费不足，高端消费外流的情况较为普遍，供需结构性矛盾较为突出。从消费群体来看，经常参加体育锻炼的人群主要集中于健步走、爬山等对运动技能、设施设备要求较低的项目，消费内容以实物型消费为主。未来一段时期户外运动消费需求将井喷式发展，参与型、个性化、多元化的户外消费需求将逐步释放，要强化顶层设计，优化发展环境，推动户外运动健康快速发展。

一、明确户外运动产业发展方向

2016—2020年我国先后发布过冰雪、山地户外、水上、航空、汽车摩托车、自行车、马拉松、马术等一系列单项运动规划，对于引导相关户外运动项目产业有序发展发挥了重要作用。为进一步加

① 李颖川.中国体育产业发展报告（2020）[M].北京：社会科学文献出版社，2021.

强对户外运动产业的统筹引领，着力破解当前制约各类户外运动产业发展过程中的深层次共性问题，需要加快推进整体户外运动产业发展规划的编制工作。

谋划户外运动产业发展，一是编制户外运动产业发展规划，立足我国基本国情，积极探索有中国特色的户外运动产业发展道路。加强生态环境保护，促进生态价值转化，引导户外运动项目实施绿色开发模式，推动产业可持续发展。二是推动重点户外运动项目发展，推动山地户外、水上、冰雪、汽车摩托车、自行车、马拉松等重点户外运动项目普及推广，深入实施冰雪运动“南展西扩东进”战略，形成以京津冀为带动，东北、华北、西北三区协同，南方多点扩充的发展格局。打造汽车摩托车运动由“三圈三线”辐射出的自驾运动精品路线和营地网络。建设水上运动“五方三点”产业集聚区。布局水上航空运动“200公里航空体育飞行圈”。根据不同区域地形地貌、资源禀赋特征和气候特点，因地制宜，大力发展区域特色户外运动产业。三是加快构建现代户外产业体系，推动户外用品制造业转型升级，促进户外运动服务业提质扩容，鼓励户外运动装备制造企业向服务业延伸，促进户外运动领域制造业和服务业融合发展，推动户外与旅游、教育培训、康养、林草、农业、文创等相关产业的融合发展，为人民群众提供更为丰富、品质更高的户外运动产品和服务。

二、优化户外运动发展环境

推动自然资源向户外运动开放。发展户外运动，优化和完善产品服务供给，需要将更多的自然资源向户外运动开放，为户外运动提供发展空间。在户外运动发展的过程中，自然资源的开放也是社会各界最为关心、反映最多的问题之一。要积极开展自然资源向户外运动开放试点，充分挖掘资源优势，制定和完善山川、森林等自然资源向户外运动开放的政策措施，在自然资源可承载范围内，明确在可利用的水域、空域、森林、草原等自然区域内允许开展的户外运动目录，充分利用江河湖海、山地、沙漠、草原、冰雪等自然资源，合理开展山地类、水域类、高空类、陆地类等户外运动项目，举办马拉松、自行车、登山、定向、漂流、冲浪、滑雪、赛车等各类户外活动和赛事。

推动户外运动装备器材便利化运输。目前，户外运动器材装备的运输问题是制约参与户外运动的瓶颈之一。从发达国家的经验来看，户外运动装备器材运输高度便利化是户外运动产业发展的重要条件和标志。以滑雪为例，瑞士、日本等滑雪运动发达国家，雪具运输非常便捷，很多雪友进行滑雪运动时会选择自带雪板，瑞士通往各个雪场的火车都有免费放置雪板的地方，火车座位上面的行李架可以放置雪板，车厢进门处也设有专门放置雪板的空间。我国缺乏户外运动装备器材便利化运输的制度安排，人们参与户外运动只能依靠自驾或租赁等方式获取装备器材，同时我国户外运动资源空间分布不均衡，参与户外运动需要长距离移动，户外运动装备器材运输不便，极大限制了户外运动中高端消费的发展。要积极研究和推动进一步放宽运输限制，在符合安全标准前提下，适当放宽户外运动装备重量、尺寸限制，降低运输费用，为户外运动爱好者携带户外装备提供便利条件。鼓励有条件的户外运动目的地积极探索开行可以携带相应户外运动装备器材的“滑雪专列”“骑行专列”等。

鼓励体育用品制造企业积极研发体积小、可折叠、便携式、易运输的户外运动装备器材。

第五节　健全赛事活动安全保障机制

大型体育赛事活动涉及运动项目多、覆盖人群广、筹办主体多、安全管理能力参差不齐、外部影响因素复杂，容易引发安全事故。2021年黄河石林百公里越野赛发生重大公共安全事件，造成重大人员伤亡，教训十分惨痛，充分暴露出体育赛事活动管理存在不少薄弱环节和漏洞。要统筹发展与安全，树立底线思维，增强风险意识，堵漏洞、强弱项，做好赛事安全管理工作，健全赛事安全保障机制，牢牢守住安全发展这条底线。

一、落实赛事举办安全责任

坚持政府监管与行业自律相结合原则，按照“谁审批（备案）、谁负责”“谁主办、谁负责”“谁主管、谁负责”的要求，全面加强体育赛事活动安全监管。实行分级分类管理，根据不同类别、规模的体育赛事活动，按照有关规定和职责分工进行管理，并且要符合有关标准。加强事中事后监管，对各类体育赛事活动的组织、保障、参赛等进行全程监管，确保体育赛事活动平稳安全有序开展。监管与服务相结合，做好体育赛事活动中可能出现的风险隐患排查，制定应急处置预案，发现问题及时处置，全程做好服务保障工作。

主办方、承办方、协办方等组织者对体育赛事活动安全负直接责任，赛前应当签订书面协议明确职责分工。主办方应当建立组委会等赛事组织机制，承办方要细化实化各项保障工作，协办方应当确保其提供的产品、设施或服务符合质量和安全标准，承办方应当做好体育赛事活动各项保障工作，负责体育赛事活动的安全，对重要体育赛事活动进行风险评估，制定相关预案及安全工作方案，并督促落实各项具体措施，配足配齐安保力量，强化安保措施，确保各类赛事活动安全顺利。各类体育活动特别是利用公园、山地、森林、江河湖泊、海洋、空域、公共体育场馆等自然资源或公共资源举办的，场地提供方或管理者应当尽到安全保障义务并在力所能及的范围内协助承担应急救援等救助任务。

各级体育部门对所辖区域内的体育赛事活动承担安全监管责任。县级以上人民政府有关部门依照职责对体育赛事活动安全监管承担相应责任。各级运动项目管理中心、单项体育协会对本项目赛事活动安全承担项目管理责任。各级体育部门在体育赛事活动举办前或举办中发现不符合规定条件、标准、规则，涉及赛事活动重大安全问题的，应当及时提出整改建议。活动涉及的通信管理、公安、自然资源等有关部门须依照职责做好安全监管服务工作。

二、建立户外运动安全分级管控体系

不同类型的户外运动、不同环境下进行的相同类型户外运动潜在安全风险差异很大。以登山运动为例，并不是越高的山，安全风险就越大，而是要综合考虑最高海拔点、登山总时间、登山总里程、海拔最高落差、服务人员配比等因素，特别是最快救援到达速度、缺氧环境、野生动物、最快天气变化速度、最大温差等偶然因素，也会极大提高登山运动的参与风险。因此，要建立户外运动安全分级管控体系，健全隐患排查治理预防机制。对于风险等级高的户外运动，体育部门要探索建立组织者资质认定和准入制度，全国性单项运动协会要针对不同户外运动类型，分类制定办赛安全标准，规范户外运动的准入门槛、运行机制、风险管理、责任归属等。

三、建立多层次应急救援体系

建立和完善政府救援和民间救援相互协作的救援体系，制定政府有偿救援标准，支持保险公司或商业性援助公司有偿提供商业救援，培育民间公益救援力量。建立安全急救网络，建设户外运动预警、报警系统和户外运动应急救援系统，打造户外运动参与者信息管理和行迹追踪系统，建立便利、全覆盖的户外运动救援服务体系。加强安全信息警示，建立户外运动目的地风险等级信息库，积极更新发布户外运动目的地周边地区的天气状况、交通管制等信息，完善风险多发区域的安全警示、紧急救援、消防、安全防护等标识信息。建立应急救援机制，稳步推进户外运动救援队伍建设，强化预警、控制、救援、装备、保险应答演练，逐步建立健全综合救援机制和区域性救援联动机制，加快建立和完善集救援、医疗、运输一体化的全方位水陆空应急救援服务体系。健全体育保险体系，鼓励商业保险机构开发运动保险产品，增强赛事和户外运动相关各方的风险防御能力。

专栏 5-7

建立户外运动安全救援系统

1.标识系统：建设导视标识、警示标识、劝示标识、服务指南等体系。

2.安全系统：建设安全防护装置、预警装置、应急救援装置、紧急庇护所、救援队及救援装备等体系。

3.救援系统：建设集救援、医疗、运输一体应答反应体系。

4.救援服务站：建设服务中心、休息点、露营地、驿站，完善供水、供电、照明、停车场、卫生间、垃圾回收处置等体系。

四、加强安全教育培训

各级运动项目管理中心、各级单项体育协会要加强安全教育培训，对体育赛事活动及户外运动的组织者和相关从业人员进行项目技能、运动科学及安全风险等方面的培训，主动为体育赛事活动提供安全指导和服务，切实提高相关人员的安全监管意识和风险防范意识，切实防范户外运动事故发生。加强参赛人员安全教育，引导群众科学认识身心状况、理性评估竞技能力、积极应对参赛风险。

第六章

夯实广泛参与全民健身运动的群众基础

广泛参与全民健身运动是一个国家群众体育发展、国民身体素质、社会文明程度的重要体现。近年来，人民群众参与健身运动的热情日渐高涨，2020年我国经常参加体育锻炼人数比例达到37.2%，与发达国家的差距正在逐步缩小，但是，我国经常参加体育锻炼人数中的学生、劳动年龄人口、弱势群体之间存在结构性失衡，按照相同口径比较，与国外差距还较大。当前，人民群众参与全民健身运动主要存在弱势群体运动权益保障不够、青少年体育锻炼不足、职工参与度不高等问题。要全面落实全龄友好理念，保障弱势群体的运动权益，培养终身运动者，提高职工参与度。

第一节　落实全龄友好理念

全龄友好理念是指以公平正义、人文关怀、柔性建设为原则，侧重关注生理性弱势群体，从空间、设施、制度等多方面满足不同年龄人群生理、心理、社会交往等多层次需求的社会建设理念。在构建更高水平的全民健身公共服务体系中落实全龄友好理念，有利于满足不同年龄段人群参与体育锻炼的需求，吸引各年龄人群广泛参与体育锻炼。要重点聚焦“一老一小”、残疾人、青少年和职工群体，健全促进全民健身的制度性举措，夯实广泛参与全民健身运动的群众基础。

一、激发未成年人参与体育锻炼的活力

让每一个未成年人平等、充分参与体育锻炼，是全面保障未成年人生存、发展、受保护、参与等权利的必然要求，是尊重和保障人权的具体体现。推动未成年人经常性参与体育锻炼，是培养终身运动习惯、奠定一生健康基础、实现全面发展的基础性工程。当前，我国未成年人参加体育锻炼面临较多制度性梗阻。一是培养方式不科学。部分家庭没有把体育锻炼作为促进未成年人健康成长的重要组成部分，社会存在“智育独大”、重文轻体的问题，不注重在体育锻炼中培养健全人格，未成年人没有从小养成经常参加体育锻炼的习惯，一些留守儿童、困境儿童等未成年人群体的运动权益长期得不到有效保障。二是设施器材不适儿。很多城市没有把未成年人

当作城市未来的主人，没有站在未成年人的角度审视城市发展，街心、社区、公园等公共场所普遍缺乏适合未成年人使用的体育场地设施。三是标准体系不健全。未成年人体育健身设施器材标准体系不完善，目前关于未成年人体育设施器材的国家标准仅有《中小学体育器材和场地》，缺乏针对学龄前儿童和校外活动的体育设施相关标准，导致各类体育设施不能满足未成年人体育健身需要。四是赛事活动不丰富。现阶段我国未成年人赛事活动主要以青少年运动会为主，适合各年龄段未成年人参与的其他赛事活动较少。

坚持以儿童友好理念为引领，提高未成年人体育活动参与度，拓宽未成年人健康成长空间。一是将保障未成年人运动权益作为未成年人保护工作的重要内容，提高社会、家庭对未成年人经常性参加体育锻炼的重视程度，特别是要格外重视、格外关注留守儿童、困境儿童等弱势群体参加体育锻炼的问题，保障他们拥有和其他未成年人一样的运动权益，和普通孩子一样健康成长。二是开发适合低年龄段儿童玩耍使用的体育器材，针对儿童特点，在社区、公园、商场、绿地、城市退让空间等公共场所有机嵌入小篮球、小足球、小排球等适合未成年人使用的场地设施，对传统篮球足球体育设施进行加建、改建，配置设计新颖时尚的篮足合一的小足球门、小篮球架。在图书馆、博物馆、体育馆、科技馆及其他商业场所等平台，搭建普惠型未成年人体育设施。推动公共体育场馆向青少年免费或低收费开放。三是建立适合未成年人使用的设施器材标准，加快制定儿童体育基础设施标准，修订中小学生设施器材标准。四是引导未成年人积极参加公共体育事务治理，鼓励社区未成年人参与社区体育事务，建立未成年人体育参与长效机制。充分利用“国际家庭日”“六一”儿童节、“世界儿童日”等节日，组织开展未成年人体育参与主题实践活动，培育未成年人体育健身兴趣与意识。

专栏 6-1

山东日照打造全市少年儿童的专属运动场

2020年，日照市人均体育场地面积达到4.72平方米，体育健身设施总量不断增加，种类日益丰富，但少年儿童健身设施仍相对不足，尤其缺少专门的儿童运动场地。为解决这一问题，日照市规划建设了万平口儿童运动乐园，作为全市儿童运动设施的示范项目。

万平口儿童运动乐园建设面积约7 500平方米，能同时容纳2 500余人，坚持“全市少年儿童的专属运动场”的定位，致力于充分发掘儿童少年的运动活力，以运动健身为媒介，着重培养孩子的综合素质和情商，让孩子们在阳光下快乐运动，健康成长。万平口儿童运动乐园分为幼童游乐区、中童游乐区和大童游乐区，设置了极限运动区、沙盘区、攀爬区、亲子健身区、涂鸦区等综合运动区，设有太空舱攀爬、滑索、海浪摇摆船、足球塔、记忆游戏板、海螺玩具、黑白转珠墙等40余种体验项目，积极引进国际一线品牌——汤姆猫亲子乐园，实现无动力儿童室外乐园与益智类儿童室内乐园的完美结合，可满足2～12岁年龄跨度的儿童运动娱乐需求。

万平口儿童运动乐园由日照城投集团投资建设并运营管理，实行免费对外开放，已累计接待80万余人次，构建了一个能给儿童带来浓厚兴趣、丰富感知、无限想象、启迪心智、寓教于乐、身心愉悦的启智型运动游乐空间，已成为“让孩子开心、家长放心”的一体化亲子运动健身乐园。

二、为老年人提供舒心便利的健身条件

为老年人提供舒心便利的健身条件，推动更多老年人参与体育锻炼，对于提高老年人健康水平，延长健康寿命，增强自主活动能力，实现健康老龄化具有重要作用。2020年，我国60岁及以上人口达2.6亿，占总人口的比重为18.7%，65岁及以上人口达1.9亿，占总人口的比重为13.5%，未来一段时期，我国人口老龄化程度将进一步加深。目前，我国老年人参与体育运动主要存在以下问题：一是老年人体育健身方式较少，老年人参与体育锻炼的项目主要集中在太极拳、广场舞、八段锦、健步走等普及度较高、学习难度适中、对体能要求较低的项目，新的健身方式和内容较少。二是缺乏科学健身指导，我国尚无专门针对老年体育的社会体育指导培训内容，经常出现老年人因健身方法不科学而产生身体损伤。三是适老化体育设施普及度较低，与日本、美国等国家相比，我国社区、公园、广场等公共场所专门为老年人设置的体育场地和设施相对缺乏，健身器材较为陈旧，不适宜老年人进行锻炼。四是老年人参与体育锻炼面临“数字鸿沟”，不少老年人不会上网、不会使用智能手机，无法充分享受智能化服务带来的便利。

坚持以老龄友好理念为引领，推动老年人经常性参加体育健身活动，促进老年人体育健身活动常态化制度化。一是支持和指导老年人体育组织利用全民健身日、节假日、纪念日、庆典日，按照“经常自愿、重在参与、就地就近、小型多样、文体结合、科学文明、有益健康”的原则，因时、因人、因地制宜地动员、组织老年

人举办社区运动会、家庭运动会、楼群运动会等活动，引导老年人选择一项活动、加入一个团队、享受一种快乐、收获一份健康。二是加强老年人体育健身方法的研究和体育健身活动的指导，举办体育健身培训讲座和健身指导咨询等，普及体育健身知识、传授体育健身技能。不断挖掘整理、普及推广适合老年人特点的，简便易行、科学、文明、有效的体育健身方法，满足不同年龄、性别、爱好和健康程度老年人体育健身的多样化需要。引导和支持老年人体育组织培育形成具有民族、民间传统特色的体育健身项目和示范队伍，推动老年人体育健身项目的传承和普及发展。三是推进适老运动环境建设，充分利用现有公共设施，在公园、广场、绿地及城市空置场所等建设适合老年人体育健身的场地设施，为老年人提供广场舞活动场地，做好电源、夜间照明等基础配套设施，有条件地配置老年人喜爱、适用面广、便捷实用、健身效果显著的体育器材、移动音箱等设备。推动解决老年人运用体育智能技术困难问题，对老年人使用场地和器材提供必要的信息引导和人工帮扶等服务，鼓励开发设计适老智能应用，丰富老年人参加体育锻炼的智能化渠道。

三、为残疾人全面发展提供无障碍运动环境

推动残疾人参与体育锻炼，有利于改善残疾人身体机能、增强身体素质、提高生活质量、融入社会交往，是保障残疾人平等享有体育权利、实现体育基本公共服务均等化的重要体现。我国现有各类残疾人 8 500 多万人，残疾人参加体育锻炼的意识不强、参与难度高、需求差异化大、总体水平低的问题较为突出，应将残疾人体育工作纳入全民健身大局，提高服务能力，提高参与率和覆盖面，提

升残疾人的获得感和幸福感。

为残疾人全面发展提供无障碍运动环境，帮助其走出家门、融入社会、强健体魄。一是坚持共享融合，以平等参与、共享融合为基本原则，为方便残疾人参与全民健身提供特殊条件和服务保障，共享全民健身公共服务资源，促进社会融合发展。二是坚持基本需求，以残疾人基本需求为导向，体育设施建设和器材配备、体育赛事活动的设计和实施、体育组织创建和健身服务指导，要适合残疾人特点、兼顾不同类别和不同级别残疾人使用。三是坚持面向基层，把基层作为服务重心，把残疾人身边作为服务重点，把更多的服务资源和服务项目投放到社区、乡村、全民助残健身点、康复站（点）、社区康园中心和特殊学校、康复中心等残疾人集中的机构，帮助残疾人就近就地参与健身活动。四是坚持创新发展，坚持政府主导，借助社会和市场的力量，在组织机制、工作平台、服务方式、活动载体等方面探索创新，努力提高残疾人体育质量和效益。五是坚持示范引领，充分发挥各级体育部门和残疾人组织的专业优势，发挥我国社会主义制度的优越性、发挥经济发达地区先发优势，着力创建示范样板。通过报纸、杂志、电视、广播等传统媒体和微博、微信、短视频等新媒体平台，宣传残疾人坚持锻炼的事迹，弘扬残疾人持之以恒的精神，带动更多残疾人参加体育运动。

专栏 6-2

“残疾人自强健身周”让残疾人在运动中自立自强

自2011年起，中国残联连续10年组织开展“残疾人自强健身周”

活动。健身周期间，全国各级残联和中国盲人协会、中国聋人协会、中国肢残人协会、中国智力残疾人及亲友协会、中国精神残疾人及亲友协会等五大残疾人专门协会，根据本地特点和各类残疾人的不同需求，组织开展小型多样、立足基层、节俭务实的残疾人健身体育活动，普及残疾人体育健身项目，培养残疾人体育健身指导员，建设残疾人群众体育活动示范点，逐步提高残疾人体育健身指导服务能力和服务水平，形成了全国残疾人体育健身的品牌。

健身周活动举办以来，连续多届开展了“康复体育进家庭”“我要上残运”“我运动中的一件事”等主题活动，组织了残疾人趣味健身运动会、社区体质健康监测等形式多样、内容丰富、紧贴残疾人身边的体育活动，举办了残疾人轮椅大步走、广播健身操比赛、盲人健身长跑、脊髓伤友轮椅竞技交流赛、智力残疾人及亲友融合活动、残疾人健身项目进校园等特色的大众健身活动，让越来越多的残疾人体验到体育的快乐。

健身周活动为普通残疾人搭建了展示体育才华的舞台，提升了社会各界对残疾人和残疾人事业的关注度，充分展示了我国残疾人事业发展成果，已成为展现广大残疾人自强不息、奋勇争先、实现自身价值和展示精神风采的重要平台。

第二节　培养终身运动者

青少年身心健康、体魄强健是国家繁荣、民族昌盛、社会文明进步、家庭和睦幸福的重要标志。深入推进体教融合，培养终身运动者，对于推动青少年文化学习和体育锻炼协调发展，促进青少年健康成长、锤炼意志、健全人格，培养德智体美劳全面发展的社会主义建设者和接班人具有重要意义。近年来，我国学生体质健康达标优良率逐渐上升，各年龄组男女生身高、体重、胸围、肺活量等指标均呈现持续上升趋势，中小学生柔韧、力量、速度和耐力等均出现了好转，我国大中小学生的健康情况有了明显改善。但是，学生视力不良和近视率偏高、学生超重肥胖率上升、学生握力水平有所下降、大学生体质下滑等问题仍然没有得到有效遏制。要树立健康第一的教育理念，实施青少年体育活动促进计划，开齐开足上好体育课，让每个青少年较好掌握1项以上运动项目，养成终身运动习惯，帮助学生在体育锻炼中享受乐趣、增强体质、健全人格、锤炼意志，实现文明其精神、野蛮其体魄。

一、广泛开展青少年体育活动和竞赛

实施青少年体育活动促进计划，定期发布青少年体育活动和竞赛计划。充分利用江河湖海、山地、沙漠和草原等独特的自然资源优势，开展符合青少年身心特点的体育活动，着力打造以田径、游泳、篮球、排球、乒乓球和武术等项目为主的全国体育传统项目学校联赛，继续开展全国青少年体育俱乐部联赛、全国青少年户外体育活动营地夏（冬）令营等传统赛事和活动。充分利用体育场馆、公园、户外营地、青少年宫和妇女儿童活动中心等场所，举办青少年体育竞赛与展示、户外运动、体育游戏、运动技能培训、体质监测、科学健身普及和健身指导服务等活动。完善和规范学生体育竞赛体制，畅通学生运动员进入各级专业运动队和代表队，体育特长生和高水平运动员进入学校的渠道。支持特殊青少年群体参与体育活动。

二、开齐开足上好体育课

目前，受功能认知偏差、开课条件有限、体育师资不足、应试教育导向等因素的影响，我国相当一部分学校仍然存在着体育课“开不齐开不足”的问题。《2018年国家义务教育质量监测——体育与健康检测结果报告》显示，全国30.8%的小学和48.1%的中学体育课程开设情况达不到教育部规定每周三节的要求。一是严格落实学校体育课程开设的刚性要求，不断拓宽课程领域，逐步增加课时，丰富课程内容。义务教育阶段和高中阶段学校要严格按照国家课程方案和课程标准开齐开足上好体育课。鼓励基础教育阶段学校每天开设1节体育课。高等教育阶段学校要将体育纳入人才培养方案，学生体质健康达标、修满体育学分方可毕业。鼓励高校和科研院所将体育课程纳入研究生教育公共课程体系。二是加强体育课程和教材体系建设，学校体育课程注重大中小幼相衔接，聚焦提升学生核心素养。学前教育阶段开展适合幼儿身心特点的游戏活动，培养体育兴趣爱好，促进运动机能协调发展。义务教育阶段体育课程帮助学生掌握1至2项运动技能，引导学生树立正确健康观。高中阶段体育课程进一步发展学生运动专长，引导学生养成健康生活方式，形成积极向上的健全人格。职业教育体育课程与职业技能培养相结合，培养身心健康的技术人才。高等教育阶段体育课程与创新人才培养相结合，培养具有崇高精神追求、高尚人格修养的高素质人才。三是配齐配强体育教师，各地要加大力度配齐中小学体育教师，未配齐的地区应每年划出一定比例用于招聘体育教师。在大中小学校设立专（兼）职教练员岗位。建立聘用优秀退役运动员为体育教师或教练员制度。有条件的地区可以通过购买服务方式，与相关专业机构等社会力量合作向中小学提供体育教育教学服务。实施体育教育专业大学生支教计划。通过“国培计划”等加大对农村体育教师的培训力度，支持高等师范院校与优质中小学建立协同培训基地。四是改善场地建设器材配备，建好满足课程教学和实践活动需求的场地设施、专用教室，把农村学校体育设施建设纳入地方义务教育均衡发展规划，鼓励有条件的地区在中小学建设体育场馆，与体育基础薄弱学校共用共享。小规模学校以保基本、兜底线为原则，配备必要的功能教室和设施设备。配好体育教学所需器材设备，建立体育器材补充机制。

三、加强学校和社会力量合作共建

学校体育包括校内体育课、课外活动、体育社团活动、课余训练和学生体育竞赛等内容。支持学校和社会力量合作，是为了巧借“外力”，更好地利用校外资源，解决课外锻炼、场地资源、师资水平等供给不足和质量不高问题。

加强学校和社会力量合作，促进校内和校外体育工作的有效衔接。一是支持体校、体育俱乐部进入学校、青少年宫开设课后体育兴趣班。教育部、国家体育总局共同制定社会体育俱乐部进入校园的准入标准，由学校自主选择合作俱乐部。加强事中事后监管，改善营商环境，激发市场活力，避免因联合认定俱乐部而可能出现变相行政审批的现象。支持社会体育组织为学校体育活动提供指导，普及体育运动技能。有条件的地方，可以通过政府向社会体育组织购买服务的方式，为缺少体育师资的中小学校提供体育教学和教练服务。二是支持普通学校、青少年宫和社会力量合作创建体育俱乐部。学校、青少年宫体育培训需求量大、内涵丰富、层次多元，但自有的师资力量、场地设施、赛事活动难以满足青少年日益增长的体育锻炼需求。同时，社会力量在足球、篮球、排球、冰雪等单项运动上具有显著优势，可以提供更加专业的师资、场地、赛事活动。支持普通学校、青少年宫和社会力量合作创建体育俱乐部，有利于促进三方之间实现资源优化配置和供需有效衔接，为广大青少年提供更好地体育锻炼条件。要明确民办非营利性社会体育俱乐部和营利性社会体育俱乐部不同的发展定位，坚持分类施策、专业引导，健全学校与社会体育俱乐部的沟通合作机制，引导学校、青少年宫选择适合自身实际情况的企业或社会组织，创建一批具有鲜明学校特色的运动项目俱乐部。例如，北京市所辖的200所国家级青少年体育俱乐部与学校、体校、体育场馆或体育中心等单位密切合作，不仅满足了学生的课余锻炼需求，而且通过资源整合和对外开放，提高了自身的运营活力。三是健全社会力量参与学校体育发展的长效机制，针对社会力量参与的各个环节，鼓励构建程序透明、过程开放、参与广泛的信息公开与沟通平台，让青少年和家长都能够参与服务、监督服务、评价服务。对营利性组织和非营利性组织提供不同的激励方式和权益保护机制，对于营利性质的体育企业，要严格采取公开竞标的方式选择合作方，对于非营利性质的体育社会组织，要注重引导和政策扶持。强化社会力量参与学校体育的绩效监管机制，严格事前、事中和事后监管，采取必要的奖惩措施，规范社会力量参与行为，不断提升服务水平。

第三节　提高职工参与度

广大职工是推动我国社会主义现代化建设的中坚力量，职工体育是我国体育事业的重要组成部分。提高职工健身参与度，是维护和实现广大职工合法权益的具体体现，对于改善我国经常参加体育锻炼人口的结构性矛盾，提高广大职工的体育意识和健康水平，建立一支体魄强健、充满活力的高素质职工队伍具有重要意义。当前，我国广大职工的体育健身意识明显增强，行业职工体育协会纷纷建立，职工体育组织网络体系正在形成，各级各类职工体育赛事不断增多，职工群众性体育健身活动日益活跃。但是，一些单位对开展职工体育活动重视不够，健身活动时间缺少保障、缺乏针对性健身指导、职工体育场地及器材匮乏、单位工会在组织职工体育活动方面作用发挥不足，制约了职工体育的发展。要将职工体育纳入本地全民健身计划，按职业类型制定健身指导方案，发挥领导干部带动作用，发挥工会积极作用，广泛组织各类职工健身活动。

一、按职业类型制定健身指导方案

不同职业类型的工作特点差异大，不同职业群体的身体素质、健康状况和对运动锻炼的需求也有所差别。例如，脑力劳动者参与体育锻炼的目的是，通过体育运动使神经细胞得到休息，防止过度疲劳，改善心肺功能，达到增强体质、提高工作效率的目标，而体力劳动者大多侧重于局部用力劳动类型，对身体健康的影响较大，往往易产生职业病，要注意劳逸结合，有意识地在工作和生活之际进行体育锻炼，运动量和强度都不易过大，主要是通过运动舒缓身心，减轻肌肉的酸痛和僵硬，消除局部的疲劳，预防形成职业病。

坚持分类指导原则，按不同职业类型科学制定健身指导方案。一是针对不同产业、不同行业、不同海拔、不同地区从事不同职业的人群，区分有氧运动、力量练习等不同运动方式、不同运动强度，以及不同运动时间、不同运动阶段，制定差异化的健身指导方案，广泛开展符合职业特点和职工身体状况的健身活动和体育竞赛。二是发挥行业职工体育协会作用，指导各种类型职业体育健身活动的开展，提倡根据行业、工种特点自行创编行业体操、工种体操等符合职工特点的健身项目。三是创新体育锻炼方式，如在工作间歇开展“分钟体育”、办公室健身等。四是充分利用广播、电视、互联网等新老媒体，在广大职工中普及科学健身知识，推广健身方法，展示健身成果，为不同类型职业人群开展体育活动营造浓厚的舆论氛围。

二、鼓励机关、企事业单位开展健身活动

机关、企事业单位是全民健身网络的重要节点，是全民健身公共服务的重要供给主体。一是充分发挥领导干部带头示范作用。机关、企事业单位要加强对本单位职工体育工作的组织与领导，成立工作协调机制，把职工体育工作列入本单位的工作规划，保障和监督职工体育工作规划的落实，协调和解决工作中存在的实际问题。

单位负责同志要带头参加职工体育活动，推动建立长效机制。二是健全机关、企事业单位职工体育组织。倡导在机关、企事业单位中建立职工体育协会和体育俱乐部、体育健身团队等体育组织，制定体育协会章程及管理制度。加强职工体育骨干队伍建设，加大对职工体育骨干的培训力度，注重在职工群体中发展社会体育指导员。三是广泛开展职工体育健身活动。积极探索适合职工特点的体育活动组织形式，推广普及有利于广大职工积极参与的体育健身项目，组织开展形式多样的职工体育健身交流、展示和竞赛活动。坚持机关、企事业单位的工间（前）操制度，定期或不定期地举办多层次、多形式的职工运动会或单项比赛。四是鼓励单位配全配齐健身设施和器材。探索制定按单位职工数量配置健身设施的操作指引，鼓励每个党政机关、国有企业配置标准化健身房，因地制宜建设篮球场、羽毛球场、乒乓球桌等健身场地设施，配备急救箱、血压仪、体重秤、健康知识手册等物品，定期配置篮球、羽毛球拍、跑步机、哑铃等健身运动器材，鼓励有条件的单位引入智能体育设备。五是定期开展职工国家体育锻炼标准达标测验活动和体质测定。把职工体质测试结果作为制定本单位职工体育工作计划的依据，努力提高开展职工体育工作的科学化水平。

三、发挥工会积极作用

工会组织在开展职工体育工作中发挥了重要作用，长期以来为广大职工提供更多更好的体育公共服务，让职工更多地分享经济发展、社会进步和体育发展的成果、享受体育带来的健康和快乐发挥了重要作用。目前，我国机关、企事业单位工会组织的职工体育活动形式单一，开展项目有限，无法满足职工多样化的体育健身需求。机关、企事业单位开展健身活动的费用主要来源于工会经费，但是工会经费用于体育健身活动的比例较低，其中用于职工运动会等集体健身活动的多，用于为职工购买个人健身服务的少。

发挥工会积极作用，为职工提供更多更好的全民健身公共服务。一是鼓励工会每年组织各类健身活动，制定实施职工健身活动计划，将开展体育活动纳入工会考核内容。积极组织职工喜闻乐见、参与度高的趣味体育竞赛和职工运动会，推广普及广播体操、工间操，打造深受职工欢迎的体育活动品牌，丰富职工体育健身活动内容。二是依据《基层工会经费收支管理办法》，鼓励机关、企事业单位用工会经费建设职工健身房、举办职工运动会等职工体育赛事、配置健身器材及竞赛活动奖品、聘请专业健身指导员、购买个人健身服务。三是鼓励各级工会与社会力量合作，创新体育活动项目内容，打造具有本单位特色的职工体育活动，积极探索职工体育发展新模式。

专栏 6-3

国家发展改革委机关工会卓有成效
开展干部职工体育健身活动

国家发展改革委注重发挥机关工会的作用，以坚强有力的组织领导、扎实有效的思路举措、丰富多样的形式载体，开展了一系列干部职工喜闻乐见、富有成效的体育健身活动，有力促进全委广大干部职工增强体质、丰富生活、凝心聚力、振奋精神。2021年，国家发展改革委机关工会荣获“2017—2020年度全国群众体育先进单位”称号。

建立以机关工会为主导、协会为补充、体育爱好者为骨干、广大干部职工为主体的体育健身网络。成立足球、篮球、羽毛球、网球协会等18个文体协会。2020年，机关足球协会承办足球联赛，举行比赛93场，146名参赛队员共打进570粒进球。机关篮球协会承办的篮球联赛中，35个单位组成19支队伍，组织比赛44场。在中央和国家机关职工运动会中，获得女子篮球比赛冠军、第九套广播体操比赛一等奖、男子足球比赛季军等骄人战绩。

积极创新思路和载体，精心策划“春季健身月”“金秋文化月”品牌活动。适应新冠肺炎疫情防控常态化需要，组织历时40天的“云上健步走”活动，吸引全委3 255名干部职工踊跃参加，累计总步数9.72亿步（人均每天约7 000步），行走共计58万公里，相当于绕行赤道15圈。结合党史学习教育，开发“学党史 跟党走”微信小程序，设置累计步数、阅读资料、参与答题等环节，实现了学习和健身的有机结合。

完善健身场所和设施，修建“职工之家”活动室和综合健身房，购置乒乓球桌、台球桌、跑步机等健身器材并定期更新维护，将办公楼顶层改造成羽毛球馆，每日定时开放，安排专人管理。

第七章

提高全民健身标准化科学化水平

提高全民健身公共服务标准化科学化水平，是提供高质量全民健身公共服务的保证，在构建更高水平的全民健身公共服务体系中发挥着基础性、引领性的作用，对于推进体育治理体系和治理能力现代化具有重要意义。随着群众性体育活动的广泛开展，大众参与体育锻炼意识的不断增强，参与全民健身运动的人数不断增加，构建更高水平的全民健身公共服务体系对合理锻炼、科学健身提出了新的要求。当前，全民健身公共服务标准体系不完善，健身运动专业指导缺乏，不科学的运动方式带来身体损伤的情况经常出现，国家体育锻炼标准推广实施不够深入，“治已病”向“治未病”转化的观念尚未形成，制约了全民健身标准化科学化水平的提高。要完善全民健身公共服务标准体系，发挥社会体育指导员作用，推进体卫深度融合，提高健身运动专业化水平。

第一节　完善全民健身公共服务标准体系

完善全民健身公共服务标准体系，有利于以标准化优化资源配置、规范服务流程、提升服务质量、明确权责关系、创新治理方式，以标准化促进均等化、普惠化、便捷化，确保全民健身公共服务更有保障、更可持续。当前全民健身公共服务由于缺乏统一的标准指导，各地区在推动全民健身公共服务发展时缺乏依据，发展质量难以保证，区域间、城乡间服务水平差异较大。要制定全民健身公共服务国家标准并定期更新，健全场地设施、器材装备等标准体系，修订镇域、城市公共体育设施规划标准，加强运动技能、赛事活动、教育培训等体育服务领域标准制修订，逐步建立系统完善、层次分明、衔接配套、科学适用的全民健身公共服务标准体系。

一、制定全民健身公共服务国家标准

全民健身基本公共服务国家标准是衡量一国全民健身基本公共服务水平、范围、均等化程度的基本参照系，是全民健身公共服务体系标准化水平的重要标志。我国体育相关国家标准体系建设起步晚、基础弱，在标准数量、结构、质量等方面尚存一定短板，有的领域甚至存在无标可依等结构性缺失的问题。

根据《国家基本公共服务标准（2021年版）》，全民健身基本公共服务主要包括提供科学健身指导、群众健身活动和比赛、科

学健身知识等服务，免费提供公园、绿地等公共场所全民健身器材。一是抓紧制定实施标准。抓紧制定本地区全民健身基本公共服务具体实施标准，并与国家标准和行业标准规范充分衔接，进行财政承受能力评估，确保内容无缺项、人群全覆盖、标准不攀高、财力有保障、服务可持续。二是严格界定主要范围。认真查缺补漏，进一步细化充实本地区的相关服务标准和服务流程，确保国家标准落地落实。服务项目、内容、数量等超出国家标准范围的，要加强事前论证和风险评估，确保符合国家法律法规和制度规定，符合本地区人民群众的迫切需要并控制在财政可承受范围内。三是有效落实支出责任。全民健身基本服务属于中央财政和地方财政共同承担支出责任，实行中央与地方按比例分担。加强基本公共服务资金预算管理，完整、规范、合理编制全民健身基本公共服务项目预算，保障基本公共服务资金的及时下达和拨付，推动建立可持续的投入保障长效机制并平稳运行。四是着力强化能力保障。按照本地区实施标准，合理规划建设全民健身基本公共服务设施，确保相关经费足额拨付到位，配齐相关服务人员，保障服务机构的有效运转，不断提高可及性和便利性。五是全面推进公开共享。及时公开全民健身基本公共服务标准，畅通意见建议反馈渠道，加强实施监测预警，及时妥善回应社会关切，自觉接受群众和社会监督。

二、健全全民健身场地设施等硬件标准

健全全民健身场地设施和器材装备等硬件标准是全民健身公共服务体系标准化工作的重要部分，标准完善、设计科学的场地设

施、器材装备是广泛开展全民健身活动的重要支撑。近年来，我国在全民健身场地设施标准化建设方面开展了有益的实践尝试。《体育场地使用要求及检验方法》等一系列标准规范，明确了网球、篮球、足球等大众项目场馆的使用要求和检验方法。《运动竞赛场所基本术语》和《健身器材和健身场所安全标志和标签》为人民群众便利、安全使用健身设施提供了有力保障。《体育信息分类与代码》系列标准为建设科学健身指导服务平台、发展智慧化健身产业以及群众商业性体育赛事的信息挖掘提供了基础性的技术支撑。《笼式足球场围网设施安全通用要求》《拳击台技术与安装要求》和《龙狮器材使用要求》等，完善了笼式足球场、拳击台、民族传统体育项目等场地器材方面的标准。但是，全民健身场地设施等硬件标准，还存在市场适应性较差、标龄长、水平低、更新不及时等问题，未能反映体育科技进步的最新趋势，落后于全民健身发展的要求。

健全全民健身场地设施等硬件标准，提高场地设施、器材装备便捷性、安全性。一是结合群众对全民健身场地设施的需求，加强大数据、物联网、5G等新一代信息技术应用，健全全民健身场地设施、器材装备等标准体系。尽快制修订花样滑冰、轮滑、滑板、攀岩、马术等发展较快的小众项目相关设施建设和器材配备标准。二是修订镇域、城市公共体育设施规划标准，加强与镇域、城市总体规划衔接，统筹公共体育设施规划建设，强调实用性、便民性特征，推动公共体育设施高效利用，避免公共体育设施“华而不实”。三是研究制定城市公共体育场、体育馆、游泳馆建设标准，统筹考虑民众使用和运营维护成本，充分体现场馆的公益性，进一步明确城市公共体育场、体育馆、游泳馆选址和建设条件、建设规模、主要项目构成和建筑面积、建筑标准等。

三、加强全民健身服务领域标准制定

全民健身涉及运动技能、赛事活动、教育培训等多个领域，特别是进入新发展阶段，全民健身服务呈现多元化发展趋势，服务新内容、新模式、新业态不断涌现，不断满足人民群众多层次多样化的全民健身需求。但是由于新服务领域标准不完善，行业的健康发展缺乏方向性引导，服务内容缺乏定量性约束，人民群众的合法权益难以有效保障。面对人民群众日益增长的健身服务需求，加强运动技能、赛事活动、教育培训等领域及相关新兴领域的标准制修订，有利于及时填补全民健身服务标准空白，向市场主体发出明确的引导性信号，对规范市场主体行为，保障人民群众合法权益具有重要作用。

加强全民健身服务领域标准制定，要重点在运动技能、赛事活动、教育培训等领域下功夫。一是在运动技能方面，重点完善运动项目的技术方法、内容、竞赛规则等方面的标准，尤其是要根据最新需求变化，及时补充完善广场舞等群众自发性体育锻炼活动的技术方法。二是在赛事活动方面，优化竞赛审批程序、竞赛规程、参与对象要求、场地环境和安全保卫等全流程服务标准。三是在教育培训方面，完善体育教育培训的服务对象、内容、方式，以及服务流程和环节、服务规范和职责、预防性措施、考核指标等方面的标准规范。特别是针对青少年体育培训市场，健全培训机构的市场准入、师资配置、教学内容、场地设施、安全保障等方面的细化标准，确保青少年体育培训市场平稳健康发展。

四、健全全民健身公共服务统计监测制度

任何一个行业的良性运行和发展，都必须建立在系统全面了解该行业的生产运行状况基础之上。健全全民健身公共服务统计监测制度，是发展全民健身的一项基础性工作，是实行全民健身科学决策和科学管理的重要基础，是了解全民健身发展情况、编制发展规划、制定发展政策的重要依据。全民健身公共服务统计和监测制度的基本任务是对体育机构人员、训练竞赛、赛事活动、场地设施、健身指导等发展情况进行统计调查和统计分析。目前，我国全民健身公共服务统计监测制度还未完全建立，部分关键性指标的统计标准与国际不衔接，一些重要指标缺乏统计口径，统计手段单一，没有充分运用大数据、云计算等新一代信息技术。

健全全民健身公共服务统计监测制度。一是强化顶层设计，把全民健身公共服务统计作为体育统计工作的重要内容，完善全民健身公共服务统计体系建设，丰富调查制度和方法，完善多元化数据供给渠道。二是积极应用全面统计和抽样调查等多种方法相结合的手段，增强统计信息的准确性和时效性，并通过专项调查对统计指标进行补充。三是认真进行统计分析，把数据用好、用活、力求多角度、全方位地提供全民健身信息咨询服务，积极主动地为科学决策提供数据基础。四是加快5G、大数据、云计算等新一代信息技术在统计监测中的应用，提高统计监测信息化水平，拓宽统计监测广度，提升统计监测的精度。

第二节　提高健身运动专业化水平

提高健身运动专业化水平是科学开展全民健身运动、有效防止运动损伤的必然要求。当前，由于社会体育指导员制度不完善，实施《国家体育锻炼标准》和推广《全民健身指南》不深入等原因，人民群众参与体育健身缺乏专业指导和科学依据，专业化、科学化水平不高，经常出现由于运动过量使机体功能受到损害而影响健康的情况。要改革完善社会体育指导员制度，大力发展公益社会体育指导员队伍，实施《国家体育锻炼标准》，完善《全民健身指南》，提高人民群众参与健身运动的专业化水平。

一、改革完善社会体育指导员制度

20世纪80年代，随着我国经济社会的快速发展，人民群众的文化体育需求日益增强，一支活跃在百姓身边的健身指导队逐步发展起来。为规范和加强社会体育指导员队伍的建设与发展，1993年，原国家体委颁布了《社会体育指导员技术等级制度》，自1994年起正式实施；2011年，国家体育总局颁布了《社会体育指导员管理办法》，以部门规章的形式进一步规范了社会体育指导员的各项工作。20多年以来，社会体育指导员队伍从无到有、从小到大，积极开展全民健身志愿服务活动，是全民健身的宣传者、科学健身的指导者、群众健身活动的组织者、体育场地设施的维护者、健康生活方式的引领者，已经成为推动群众事业体育发展构建全民健身公共服务体系和全民健身志愿服务体系的重要力量。

当前，社会体育指导员队伍不断壮大，品牌活动持续开展，功能效益发挥明显。截至2020年底，社会体育指导员总人数累计约260万人。广大社会体育指导员秉持“奉献、服务、健康、快乐”的宗旨，常年活跃在基层社区和村镇第一线，成为群众健身的领头雁和健康生活的引领者，为贯彻落实全民健身“六个身边”工程发挥了重要作用，成为我国全面建成小康社会中促进体育事业发展和社会建设的一支重要力量。全国社会体育指导员交流展示大会连续9年举办，有效促进了各省（区、市）社会体育指导员之间的学习与交流，切实提升了一线社会体育指导员的综合水平。截至2020年底，全国29个省（区、市）成立社会体育指导员协会，同时还有200多个地市级社会体育指导员协会、700多个县级社会指导员协会，国家、省、市、县（区）四级社会体育指导员协会体系基本建立。全国各级社会体育指导员培训基地共计1 300余个，保障了全国社会体育指导员培训工作规范、顺利地进行，培训体系的逐步建立。

当前，我国社会体育指导员制度还存在以下问题：一是总人数不足，活跃度不高。根据民政部志愿服务网统计，目前全国拥有1.92亿实名志愿者，累计志愿服务时长为27.74亿小时。与志愿者数量及服务时长相比，社会体育指导员在总体数量上还不够多，志愿服务时长尚无统计手段，经常参加志愿服务的社会体育指导员仅为30%左右。二是培训经费压力加大。目前，各级协会不具备自筹经费的条件，各级社会体育指导员培训经费均由各级体育部门支出。随着社会体育指导员队伍的不断发展，对培训经费的需求越来越多，体育部门财政压力也越来越大，因此产生了一些对培训名额数量的限制，不利于社会体育指导员队伍的壮大。三是培训模式需要改进。社会体育指导员培训主要采取集中培训的模式，需要较高的场地、师资、住宿要求，目前各级社会体育指导员培训基地多为大专院校，已不能满足社会体育指导员的培训需求。

为了满足群众不断增长的多样化体育健身需求，深化社会体育指导员管理制度改革，将着手修订《社会体育指导员管理办法》，适当降低准入门槛，扩大社会体育指导员队伍规模，提高指导服务率和科学健身指导服务水平。

专栏 7-1

温州市利用社会体育指导员履责平台提供精准健身指导

针对“找不到服务对象”和“找不到服务场地”的问题，2017年，温州市社会体育指导中心开始启动社会体育指导员履责平台。2019年，成功上线全省首个社会体育指导员平台——“温州市社会体育指导中心”公众号和“体育指导员”App，对有需求的街道社区、百姓健身房、健身点等进行“你点我送”式公益科学健身教学配送，实现了社会体育指导员的公益健身指导服务和社区民众的体育健身需求的精准对接。

平台顺应时下流行的“互联网+体育”和共享经济的大趋势，操作简单易行，社会体育指导员经培训考核合格后可以注册登录“体育指导员”App，根据自身指导项目预约场地，并推送相应的团课或私教课程供社区民众选择。有体育健身需求的社区居民可以关注“温州市社会体育指导中心”公众号，根据自身情况选择并预约教练、场地和课程，共享体育指导员的公益健身指导服务资源。平台从试运行至今有效解决了温州市社会体育指导员在履责方面“去哪指导、为谁指导、如何指导”的三大难题，切实提高了体育指导员的上岗履责率。

二、实施国家体育锻炼标准

对每个人来说，参加体育锻炼可以选择游泳、打篮球、踢足球等方式进行，但通过锻炼，身体素质中的速度、力量、柔韧等基本指标是否得到提升，还需要一定的标准来检验。20世纪70年代，国务院发布了《国家体育锻炼标准》。为激发公民参加体育锻炼的积极性和主动性，提高身体素质，根据《中华人民共和国体育法》和《全民健身条例》，2013年，国家体育总局、教育部、全国总工会修订印发《国家体育锻炼标准施行办法》，该办法规定的《国家体育锻炼标准》是以检验公民体育锻炼效果、评价身体素质为目的，以测验达标为手段的评价体系，鼓励和提倡公民在积极参加体育锻炼的基础上，定期参加《国家体育锻炼标准》测验，争取达到标准并不断提高。实施《国家体育锻炼标准》是一项基本体育制度，有利于完善运动效果评价体系，建立增强群众体育意识的长效机制。

现行《国家体育锻炼标准》主要具有七个特点：一是实现了6～69岁人群的全覆盖，包括儿童、少年、青年、壮年和老年五个组别，适用范围更加全面、适用人群更加广泛。二是项目设置删繁就简，尽量简便易行，包括力量、速度、耐力、灵敏、柔韧五类身体素质测验项目，并设有选测项目。三是借鉴和融合了国内外的身体素质测验项目，设置的项目大多是国际通用项目，比如50米、立定跳远、坐位体前屈、800米、1 000米等。四是充分考虑各组别的年龄特点，在尽量保持测验项目一致性的同时，在项目设置的难易度、评分评级标准等方面，尽量符合不同年龄人群的生长发育规律和特点。五是测验项目本身也可作为锻炼项目，既能评价体育锻炼效果，也鼓励广大人民群众树立通过努力锻炼获得较好测验成绩的理念。六是开发了电子证书系统，实现了数据录入、证书查询和下载的数字化、信息化。七是《国家体育锻炼标准》是一个开放的体系，有关部门和单位可以根据实际情况制定实施特定人群的体育锻炼标准和施行办法。教育部负责制定、实施学校学生体育锻炼标准和施行办法。全国性单项体育协会可以制定单项体育锻炼标准，报国家体育总局备案。

实施《国家体育锻炼标准》。一是国家机关、企业事业单位和有关组织应当发动、组织本单位人员开展测验达标活动，并与工间（前）操和业余健身活动、运动会、体质测定等结合起来。二是基层文化体育组织、居民委员会和村民委员会应当组织居民开展达标测验活动，并与全民健身活动结合起来。三是鼓励社会体育指导员掌握《国家体育锻炼标准》测验方法，并以志愿服务的形式协助有关单位组织开展达标测验活动。四是组织开展达标测验活动的单位，应当选拔培训本单位人员并发挥他们的作用，有条件的可以聘请体育专业人员、体育骨干和社会体育指导员，培养建立测验达标人员队伍。五是负责《国家体育锻炼标准》实施工作的部门和单位，应广泛宣传实施《国家体育锻炼标准》的目的和意义，并利用信息化手段定期收集和反馈实施有关情况。

三、完善《全民健身指南》

我国经常参加体育锻炼人口比例逐年增加，但居民超重率和肥胖率也持续增加，青少年耐力、成年人肌肉力量与耐力、老年人肌肉力量等指标的变化并不乐观，心血管病、糖尿病等慢性非传染性疾病的发病率呈上升趋势，体育促进健康的诸多研究成果尚未充分应用于实践，多数居民在参加体育活动时有很大的盲目性。体育健身活动在增强体质、防控疾病方面尚有很大提升空间。

2017年8月10日，国家体育总局首次公布了《全民健身指南》。2018年7月17日，国家体育总局发布了新版《全民健身指南》（以下简称《指南》）。《指南》语言简练、内容丰富、后台储备量大，共有120多个标准动作视频，除了武大靖、马龙、李婷、张湘祥、雷声、傅园慧、王丽萍、高凌、吴静钰、徐嘉余等奥运明星领衔示范，也有普通的健身达人出镜，这在我国尚属首次。

《指南》以我国居民参加健身活动大数据为支撑，介绍不同体育活动方式的健身效果、体育健身强度监控方法，回答了健身者为什么练、练什么和怎样练等关键问题，突出个体精准化体育健身特点，提供科学、安全、有效的个性化体育活动方案，是一个国家层面的《指南》，具有权威性、科学性、实用性、个性化、易推广五大特性。从内容上看，《指南》包括了不同体育活动方式的健身效果、运动能力测试与评价方法、体育健身活动原则、体育活动方案要素、一次体育健身活动内容与安排、不同阶段体育健身活动方案等内容。从人群上看，《指南》既涵盖了青少年、成年人、老年人等不同年龄健康人群的运动健身指南，又有针对高血压、糖尿病、超重和肥胖、高血脂、骨质疏松等不同慢病人群的运动处方。《指南》还突出个体精准化体育健身特点，为体育爱好者“量身定做”个性化体育健身活动方案。

完善《全民健身指南》。一是结合各地科学健身指导的工作基础，制定细化应用《指南》的方案，提升其服务当地科学健身指导的针对性和适应性。同时做好科学健身相关研究成果的应用与转化，吸引社会力量，建立适合我国国情和人群特点的科学健身指导服务网络平台，提供更加高效便捷的大众运动健身科学指导服务。二是在社会体育指导员培训、社区培训、运动健身俱乐部等各种培训活动中，增加《指南》作为基本培训内容，在全民健身从业者中普及《指南》的科学健身知识和方法。三是在大型体育场所、全民健身活动中心、各级国民体质测定与指导站等各种全民健身场所设施中，推广使用《指南》。通过社区卫生站将科学健身与疾病防控结合起来，提高人民健身水平。四是动态优化更新《指南》，推出办公室健身、家庭健身等不同应用场景的《指南》，根据不同年龄周期身体特点制定不同年龄段人群的健身指南，充分结合移动互联网时代的场景传播特征，以短视频的方式，通过线上平台加速传播《指南》，做到形式多样、内容丰富、载体多元。

第三节 深化体卫融合

促进体卫融合是把人民健康放在优先发展的战略地位，加快推进健康中国建设，推动全民健身与全民健康深度融合的具体举措，对于推动健康关口前移，实现从以治病为中心到以人民健康为中心转变具有重要作用。相比于“体医融合”侧重于以运动治疗疾病，“体卫融合”融入了通过运动预防疾病的理念，通过运动增强体质，预防慢性疾病的发生，争取不生病、晚生病或者不生重病。要实施运动促进健康行动计划，推广常见慢性病运动干预项目和方法，倡导“运动是良医”的理念，推动形成体卫融合的疾病管理与健康服务模式。

一、制定实施运动促进健康行动计划

世界卫生组织研究数据表明，影响健康的60%以上的因素是生活方式。体育运动是健康生活方式的重要内容，体育锻炼可以促进人的身体健康，提高生命质量，减少医疗开支，是实现全民健康最积极、有效且经济的手段。当前我国人民群众的健身意识不断增强，经常参加体育锻炼的人数比例持续增加，但成年人经常锻炼率处于较低水平，体育运动还没有成为促进健康的有效手段。制定实施运动促进健康行动计划，是我国体育根本任务的具体体现，是坚持预防为主的方针和全方位、全周期保障人民健康的重要举措，有利于提高群众科学健身意识，把运动健身融入日常生活方式之中，推进健康关口前移。

制定实施运动促进健康行动计划。一是在科学循证基础上，设计和积极推广常见慢性病运动干预项目。针对青少年、老年人、残疾人、“三高”和肥胖等不同人群的体育健身需求，围绕运动促进健康、运动伤病防治、体质健康干预等领域普及科学健身知识，提供有针对性的运动健身方案或运动指导服务，制定实施青少年、妇女、老年人、农民、职业人群、残疾人等群体的体质健康干预计划，推广科学健身方法，提供科学健身咨询。二是开展国民体质监测，完善国民体质监测体系，将相关指标纳入居民健康体检推荐范围，开发应用国民体质监测大数据，开展运动风险评估。三是鼓励医院培育和引进运动康复师，开展运动促进健康指导，规范各类主体的运动健身指导服务，增强运动健身指导的科学性、专业性，保障群众健身安全。

二、建立体卫融合重点实验室

为推动高水平的基础研究和应用基础研究，我国于1984年启动了国家重点实验室建设计划。国家重点实验室是依托大学、科研院所和企业建设的科研实体，实行“开放、流动、联合、竞争”的新型运行机制和优胜劣汰的动态管理机制，在服务国家战略目标、推进原始创新、促进人才成长、推动学科发展、促进科学合作等方面发挥了重大作用，已成为我国创新体系中的重要组成部分。

建立体卫融合重点实验室，有利于打破体育与医学两个学科的界限，促进理念、技术、方法相互渗透，形成全新的和谐共生局面，从科研、人才、创新、交流等方面为健康中国提供支持。体卫融合重点实验室能够发现、提出、承担基础性科研任务，吸引、稳定并培养从事高水平体卫融合基础研究的科研团队，推进跨学科研究和交叉学科建设等任务。目前，北京大学、北京中医药大学、北京体育大学等34所高校已自主设置“康复治疗学”“运动康复学”“中医康复学”等二级学科和交叉学科，为建设体卫融合重点实验室提供了一定的研究基础和人才储备。但是，我国体卫融合重点实验室还处于探索阶段，需要克服学科建设、人才不足、经费短缺等诸多难题。

建设体卫融合重点实验室。一是要坚持“自主创新、重点突破、面向应用、引领未来”的发展战略，以“服务国家目标、开展应用性研究、培养高层次人才、建设一流实验室”为根本宗旨，始终将应用研究作为主要发展方向，紧随国际体卫融合科技的发展趋势，致力于取得原创性和自主知识产权的标志性成果。二是鼓励把实验室建设成开放式科技创新平台，坚持问题导向，采用“揭榜挂帅”“赛马”机制，把需要的关键核心技术项目张出榜来，不论资质、不设门槛、选贤举能、唯求实效，充分激发创新主体的积极性，实现体卫融合关键核心技术的突破，提高创新链整体效能。三是建立“需求方出题、科技界答题”的发展新模式，鼓励行业龙头企业、高校科研院所、行业协会、投资机构联合建立体卫融合重点实验室，以市场需求为导向找准赛道，选择正确的“破局”路线图，打造贯穿创新链、产业链和资金链的体卫融合创新生态系统。

三、加强运动康复服务能力建设

运动康复主要是以运动为主要方式进行康复治疗，不做手术、不用药物，帮助患者恢复身体功能，具有应用范围广、康复效果好、身体损伤小、产业潜力大等特点。提高运动康复服务能力，有利于补齐医疗卫生服务体系短板，提高国民身体素质和生命质量，降低医疗卫生成本，培育构建新发展格局的积极动能。

加强国家运动康复服务能力建设意义重大。一是适用全年龄段人群。运动康复可用于治疗精神系统疾病、骨关节系统疾病、运动损伤、脑损伤、各种体态问题和残疾预防。对于青少年常见的驼背、高低肩、头前伸、骨盆倾斜等姿势异常病症，运动康复是最佳的治疗方法。对于中青年群体，运动损伤，以及颈肩腰腿痛、颈椎病、腰椎间盘突出症、膝关节炎等病症，都可以通过运动康复予以治疗。对于老年人，运动康复是老年慢性病、骨科术后康复的主要治疗手段。二是降低医疗卫生成本。相比于手术治疗，运动康复不做手术、不用药物，成本大幅降低。以最常见的膝关节韧带损伤为例，通过手术治疗，费用一般在2万～4万元，如果采用运动康复治疗，费用一般在1万～1.5万元，降幅超过50%。我国每年膝关节韧带手术超过10万台，若50%的患者采用运动康复治疗，仅此一项每年就可以节约医疗费用超过5亿元。三是提高生活质量。临床医学和运动康复最大的区别在于，“临床给生活以岁月，康复给岁月以生活”。手术治疗容易对患者的心理和生理都造成二次伤害，留下后遗症，手术后很多人无法再进行正常运动，影响患者正常生活。而运动康复的终极目的是让人恢复正常的运动能力，减少康复过程中的二次伤害，降低潜在风险，让患者正常融入社会，实现高品质生活。四是拓展国内市场新空间。我国经常参加体育锻炼人数约4亿人，一般运动损伤发病率为20%左右，按此计算，仅运动损伤一类，每年有8 000万人左右需要运动康复服务。此外，神经系统疾病患者约2 000万人，骨关节系统疾病患者约1.5亿人，存在体态问题的青少年约1.7亿人，均有一定比例的患者适合运动康复。据测算，到2025年，我国运动康复产业规模可达到1.2万亿元。

我国运动康复服务资源不足、能力不强，机构规模小，市场布局分散。根据2020年《中国运动康复产业白皮书》，我国各类运动康复门店仅370家，多处于单店经营状态，尚未出现全国性连锁品牌。而美国各类运动康复门店超过3.8万家，欧洲超过4.5万家。按照每4 000人拥有一家康复机构的标准，我国和欧美国家差距巨大。在这背后有五大难题制约我国运动康复服务能力的提高。一是认识难题。“预防、临床治疗、康复”是现代医学三位一体的支柱。长期以来，我国运动康复主要面向专业运动员。普通群众关心临床治疗较多，习惯运用手术、药物等方式治疗，认为运动康复是运动员的事情，对运动康复不信任、不了解、不接受，存在“重治疗、轻康复”的现象。二是准入难题。运动康复机构缺乏针对性的准入标准，运动康复机构执业许可一般参照医疗机构审批标准，在场地面积、功能分区、科室及康复师配置等方面设置了一系列严格标准，审批手续多、周期长，限制了社会力量进入。三是人才难题。目前，我国约有3.6万人具有康复治疗师专业技术资格，每10万人口只有2.65名康复治疗师。欧美每10万人约有康复治疗师60人、香港地区约有康复治疗师36人。按照每10万人30名康复医师的国际标准测算，我国应配备康复医师约42万人。四是衔接难题。运动康复早期介入不及时，临床治疗科室与运动康复之间转诊服务不顺畅。以膝关节置换为例，在美国，手术后当天医生就以处方药形式，让康复师为患者进行运动康复训练，大部分患者术后6周左右能够恢复正常生活，甚至是运动。我国患者多信奉“伤筋动骨100天”，术后多躺在病榻上静养，直接跳过康复这一环节，一般3个月后才正常生活。五是激励难题。尽管三级综合性医院都设有康复科，但是由于运动康复服务周期长、价格低，康复科一般都是医院内创收最少的科室。多数公立医院选择将脑卒中、偏瘫、中风等重症康复作为重点，倾向于开展物理治疗，而非运动康复。同时，运动康复是一个长周期、重资产的投入，回收周期比较长，增加了社会资本的投资顾虑。

加强运动康复服务能力建设，着力破解体制机制障碍，扩大服务供给，提高服务效能，构建布局合理、功能互补、运行高效、系统连续的覆盖全人群、全生命周期的运动康复服务体系。一是加强机构建设，扩大服务供给。构建以运动康复医院为重点，运动康复中心、专科门诊（诊所）为主体，综合医院康复科为补充的运动康复服务网络。支持运动康复医院建设，鼓励有条件的医疗机构加强以体育运动康复为特色的专科能力建设。支持和引导社会力量依法依规以独资、合资、合作等多种形式举办规模化、连锁化的运动康复服务中心。二是放宽准入条件，完善标准体系。出台运动康复机构专门的设立许可办法，明确运动康复机构准入标准、条件和审批程序，鼓励社会力量进入。制定运动康复中心基本标准和管理规范。健全完善运动促进健康服务技术标准，完善运动康复机构分类指导、分级管理的技术评价标准和工作规范。三是构建服务网络，畅通转诊渠道。推动运动康复机构与其他医疗机构之间协同发展，构建治疗、康复、社区、家庭密切协作的运动康复服务链，建立不同机构之间定位明确、分工协作、上下联动的运动康复服务网。健全综合医院内部运动康复科与其他科室间、综合医院与运动康复医院（中心）和基层卫生服务机构间的转诊标准、规范和程序。推进运动康复与临床多学科合作，强化运动康复早期介入，将运动康复贯穿于疾病诊疗全过程。四是加强人才培养，提高专业化水平。鼓励有条件的院校增设运动康复专业和康复治疗专业，增加招生计划。推进运动康复医师规范化培训，探索开展运动康复医师转岗培训，增加从事运动康复医疗工作的医师数量。拓展运动康复治疗师的晋升通道，给予运动康复师职业认证和一定的处方权。有计划、分层次地对相关机构中正在从事和拟从事运动康复的人员开展培训。五是创新服务模式，完善支撑条件。推动运动康复服务与康复辅助器具配置服务深度融合，建立运动康复医师、运动康复治疗师与康复辅助器具配置人员合作机制。建立覆盖全生命周期、精细化、标准化、可推广的运动处方库。探索利用医保支付手段促进双向转诊制度的有效实施，探索有条件的运动康复项目纳入医保支付的范围。积极发展社区和居家运动康复，推动运动康复资源进社区，鼓励运动康复机构提供个性化上门服务。

专栏 7-2

“运动处方”打造体育锻炼升级版

运动处方最早由美国生理学家卡波维奇在20世纪50年代提出。20世纪60年代以来，随着康复医学的发展和一些重大疾病康复训练的需要，运动处方开始受到重视。1969年，世界卫生组织开始使用“运动处方”一词作为规范术语，在国际上得到认可。

运动处方是指针对个人的身体状况，采用类似医生开处方的形式规定锻炼的内容和运动量的方法，用处方的形式规定运动的种类、强度、时间、频率及注意事项，指导人们科学锻炼。简言之，运动处方是指导人们有目的、有计划和科学地锻炼的一种方法。根据不同的需要，一般可以分成三种不同层次的运动处方：第一种是以健身为核心的运动处方，目标是增强体质、提高健康水平。第二种是针对某个领域运动能力水平的处方，目标是提高某种项目的运动技能。第三种是康复性的运动处方，目标是用合适的运动方法和运动量，达到治疗和康复的目的。

设计运动处方要考虑运动条件，如个人身体状况、场地器材、可支配时间、环境气候等，还要结合个人的兴趣爱好等。同时，运动处方并非一劳永逸、一成不变，由于人的身体状况处于一个不断变化的过程，运动处方要根据个体的状态和需要进行调整。

锻炼与药物具有同等疗效，安全的、有针对性的个性化运动处方，可大幅降低患者的治疗成本。南丹麦大学运动与生物力学系伊娃·鲁斯教授说，在严重的骨关节炎患者中，运动处方可使74%的患者接受手术的时间至少推后1年。在临床实践中，进行神经肌肉锻炼，可帮助骨关节炎患者继续工作、保持健康，减少至少1年的止痛药服用量，并使疼痛幅度降低33%。欧洲心脏病预防协会发表了有关预防和治疗高血压的个性化运动处方的共识，认为对于高血压患者，运动降压确实有效，并提出根据血压水平，选择不同的运动方式降压。上海体育学院运动科学学院有关专家通过对26种疾病的运动干预证实，运动可对疾病的预防和康复发挥积极作用。

第八章

营造人人参与体育锻炼的社会氛围

全民健身运动的普及是一个国家现代化程度的重要标志。当前，体育健身的群众基础正在逐步稳固，运动促进健康的共识正在加快形成，人民群众广泛参与全民健身活动的热情不断高涨，人人参与体育锻炼的社会氛围日益浓厚。但是，全民健身在宣传引导、文化沁润、激励机制和国际交流等方面还有短板弱项，要加快普及全民健身文化，强化全民健身激励机制，广泛开展全民健身国际交流，进一步营造人人参与体育锻炼的社会氛围。

第一节　普及全民健身文化

普及全民健身文化是吸引更多人参与体育锻炼的有效途径，有利于形成人人参与体育锻炼的社会氛围，弘扬社会主义核心价值观，激励人们奋进新时代，对于传承中华体育精神、展示中国形象、提升中华民族的凝聚力和自豪感具有重要意义。新中国成立初期，我们急于通过体育展示新中国的存在，证明中国人民已经站起来了，不再是“东亚病夫”。之后很长一段时期，我国体育文化以竞技体育精神为主导，形成了“体育＝奥运＝金牌”的观念，甚至出现了“金牌为本”意识，缺乏形成和普及全民健身文化的基础和条件。当前，我国已经实现了由积贫积弱、一穷二白到世界第二大经济体的沧桑巨变，人民群众逐步摆脱“金牌崇拜”，开始关注体育对于国民健康和经济社会发展的促进作用，全民健身文化逐步形成，具备了普及推广的有利社会条件。但是，全民健身文化根基不稳、传播不广、浸润不深、认同不强等问题还较为突出，普及全民健身文化仍然任重道远。要积极推动全民健身理念和知识融入教材，打造一批科学健身传播平台，多渠道传递体育精神，推动全民健身文化在全社会蔚然成风。

一、推动全民健身理念和知识融入义务教育教材

义务教育阶段是青少年成长的关键时期。培养经常参加体育锻炼的良好习惯，需要从娃娃抓起、抓早抓小。推动全民健身理念和

知识融入义务教育教材，有利于推动青少年获得科学健身的基本知识，从小养成经常参加体育锻炼的习惯，培养文明健康的生活方式。目前，针对青少年健身理念和知识的教育在学校教育中的占比还不大，系统性不强、针对性不够、趣味性不足，难以达到入脑入心的效果。

推动全民健身理念和知识融入义务教育教材。一是严格落实《国家学生体质健康标准》，开展青少年体育教育，教育学生掌握基本的健身健康知识，发展学生的体育运动兴趣和特长，使每个学生掌握一到两项体育运动技能。二是在义务教育教材修订过程中，注重将全民健身的理念和知识全面、有机融入其中，既可以组织专家单独编制专门教材，也可以将健身理念、技巧、知识融入其他各级各类教材，编写符合青少年成长规律的健身健康知识读本，推动实现沉浸式有机融入。三是鼓励有条件的地方先行先试，组织体育、教育专家深入调研，开展校本课程与校本教材建设，开发适合本地区、本学校实际情况的特色课程与特色教材，有序有效融入义务教育教材体系。四是加强师资培养，推动教师深刻认识学校体育工作的重要作用，深入理解、全面掌握新理念、新教材、新知识，不断更新教学理念，创新教学方法，提高自身健身健康知识素养，通过言传身教、教学相长，带动学生经常参加体育锻炼，从小掌握科学健身知识，打下终身运动的坚实基础。

二、打造科学健身传播平台

打造科学健身传播平台，有利于向社会公众传播推广科学健身知识和理念，是让人民群众享有更加充实、更为丰富、更高质量的全民健身公共服务，保障人民群众基本体育权益的必然要求。近年来，科学健身传播平台建设成效显著，“苏体通”“蒙享动”“运动嘉”等一大批地方性全民健身信息服务平台相继上线。2020年8月，由国家体育总局信息中心、科研所组织开发的全民健身信息服务平台正式运营，提升了全民健身传播信息化、智能化水平。但是，与广大群众的实际需求相比，科学健身传播平台建设尚有不少差距，突出表现在平台内容不丰富、覆盖面不广、传播方式不新、特色不鲜明、稳定性不强等方面。

打造科学健身传播平台。一是要构建体育全媒体传播格局，推动传统平台和新平台多点布局、互相呼应、合而为一、共融共生，建立以内容建设为根本、先进技术为支撑、创新管理为保障的科学健身全媒体传播体系。二是以互联网思维优化资源配置，把更多优质内容、先进技术、项目资金、专业人才向互联网科学健身平台汇聚、向移动端倾斜，让分散在网下的力量尽快进军网上、深入网上，做大做强网络科学健身平台，充分利用新兴传播阵地。三是坚持贴近群众、服务群众，大兴“开门办平台”之风，以群众需求为导向，强化平台与受众的联接，以开放平台吸引广大用户参与信息生产传播，始终保持内容定力、专注内容质量、扩大优质内容产能，创新内容表现形式，提升内容传播效果，生产人民群众喜闻乐见的内容。四是打造集约高效的传播链条，充分利用报、台、网、端融媒体平台，采用图文、动漫、短视频等多种形式，多层次、多渠道、全方位加大科学健身知识推广。在电视报刊、办公楼宇、地铁公交等各类媒体和场所，加大全民健身公益广告创作和投放力度。五是以先进技术引领驱动平台建设，加强5G、大数据、云计算、物联网、区块链、人工智能等信息技术革命成果在平台建设中的应用，提升信息获取的可视化程度，打造沉浸式运动体验。

三、实施体育文化创作精品工程

优秀体育文化产品是文化自信的成果体现，也是增强文化软实力的载体和土壤。实施体育文化创作精品工程，是加快发展体育事业、增强文化自信、构建更高水平的全民健身公共服务体系的有力支撑，有利于将无形的体育精神转化为有形的体育文化产品，推动中华体育文化创造性转化和创新性发展。

实施体育文化创作精品工程，要坚持“深入生活、扎根人民”原则，把提高质量作为体育文化作品的生命线，激发体育文化创新创造活力，提升文化原创力，推动更多与新时代同频共振的精品力作。一是以社会主义核心价值观为引领，坚持以人民为中心的创作导向，落实倡导讲品位讲格调讲责任的要求，遵循社会主义先进文化发展规律，体现社会主义市场经济要求，加强现实题材创作生产，不断推出反映时代新气象、讴歌人民新创造的体育文化精品。二是推动体育文化创作、生产、传播、消费各环节创新，培育体育文化创意产品，提升创意含量和设计水准，改造提升传统体育文化业态，带动中高端体育文化产品和服务发展，推动体育文化产业全面转型升级，提高质量效益和核心竞争力。三是打造体育文化品牌，培育和扶持一批有影响力、代表性的体育文化产品和企业品牌，培育以中华体育精神元素为核心的产业集群，支持中华体育文化传统品牌创新。四是组织品德好、成绩好的体育冠军、体育明星、退役运动员通过电视节目、社交媒体、线下活动等方式开展公益活动，树立健康阳光、积极正面的体育人形象，发挥体育明星的示范引领作用，传递拼搏进取的体育精神。五是以重点项目为引领，积极推进中国体育博物馆建设，支持各地布局建设一批体现地域体育文化特色的重点项目，发挥国家文化产业基金扶优扶强作用，鼓励和引导社会资本参与体育文化创作精品工程，推动商业银行等金融机构加快完善无形资产评价体系。六是支持用好北京国际体育电影周、米兰国际体育电影电视节全球总决赛等活动平台，推荐优秀体育影视作品参展、参选，组织、吸引更多机构和个人创作体育题材影视作品，通过展播、参赛等系列活动，提高我国体育影视作品质量和水平，促进更多优秀体育影视作品走向世界。

专栏 8-1

临淄足球博物馆：探索足球起源，感受蹴鞠文化

蹴鞠，影响中国两千多年的体育项目和娱乐方式，对世界足球产生了深远的影响。2004年7月15日国际足联确认，中国古代的蹴鞠就是足球的起源。2016年2月首家全面展示中国足球演进历史和世界足球发展风貌的专业足球博物馆正式揭牌开馆。

足球博物馆位于世界足球起源地山东省淄博市临淄区，外形为单体异型结构设计，建筑面积1.18万平方米，设计理念是“临淄的蹴鞠，世界的足球”。展览内容主要包括中国蹴鞠和近现代足球两大主题，由基本陈列、专题陈列和临时展览三大部分组成，共有文物880余件（套），复原场景10余个，系统展示了足球的起源、发展、影响和传播的演进历史和发展风貌，浓缩了中国蹴鞠文化史、体育文化史和世界

足球史，是一部足球文化的百科全书。

临淄足球博物馆为临淄的蹴鞠和足球文化、运动及产业开发打造了一个坚实的平台，为中国足球走出国门、加强国际交流合作搭建了一座便捷的桥梁，为中国和世界的足球运动史研究、足球运动发展，以及弘扬蹴鞠文化作出了突出的贡献。

四、加强体育非物质文化遗产保护

加强体育非物质文化遗产的保护，是传承发展中华优秀传统文化的重要内容，是传承和弘扬中华优秀传统体育文化的必然要求。近年来，我国建立了全国性体育非物质文化遗产保护与推广机构，举办了大量体育非遗保护与推广活动，推出了《体育非物质文化遗产保护与推广集萃》《中华少数民族传统体育图录》《中华民族传统体育志》等一批与体育非物质文化遗产相关的文化产品。但是，中国体育非物质文化遗产的保护手段需进一步拓宽，活动载体需进一步丰富，制度建设需进一步完善，长效机制需要进一步加强。

专栏 8-2

以“体育六艺”为重点挖掘民族传统体育文化

根据现代体育的特点，结合古代六艺的内涵，国家体育总局体育文化发展中心将“礼乐射御书数”进行体育延伸，开展“体育六艺系列活动”。“礼”涉及赛事礼仪、民族传统体育项目礼仪、现代项目礼仪等，培养青少年爱国报国情感，养成懂礼知礼习惯，体现体育与德育教育的紧密结合。“乐”涉及体育音乐、体育影视、体育舞蹈、花样滑冰、花样游泳等，对青少年进行美育教育。“射”涉及投壶、射箭、射击、飞镖等体育活动，培养青少年沉着冷静的性格。“御”涉及马术、自行车、汽车、摩托车、雪车以及部分极限运动等，是运筹学、驾驭学、领导学方面在体育领域的体现和应用，让青少年认识到驾驭之术不仅仅是斗勇，更是斗智。“书”涉及体育相关书法、绘画、雕塑、体育人物传记等，对青少年进行心性塑造，培养艺术创造方面的能力。“数”涉及棋类、定向越野等活动，对青少年进行智育教育，培养计算、推理方面的能力。

“体育六艺”设有“礼之仪”“乐之丽”“射之疾”“御之逸”“书之魅”“数之理”六大主题板块，主要包括趣味赛事、体验活动、文化论坛、讲座，文化展览、展示等。2018年，“体育六艺”系列活动全国首站“体育六艺文化节”在上海举办，以“自信、卓越、追梦”为主题。2019年，“体育六艺”系列活动在北京举办，以“情系双奥·与世界冠军同行”为主题。2021年，“体育六艺”系列活动在上海崇明举行，举办了体育文化、体育艺术交流与展示、3v3足球赛、长三角太极拳名家交流赛、体育音乐嘉年华、欢乐水上运动赛、业余攀岩速度赛、首届崇明岛中国全民健康越野大赛等活动。

“体育六艺”系列活动充分挖掘民族传统体育文化资源，集赛事体验、文化展示、明星互动、文化论坛等于一体，是推动民族传统体育文化创造性转化、创新性发展的有益探索与成功实践。

深入挖掘中华传统体育文化内涵，丰富传承方式和传播手段，加强体育非物质文化遗产的保护和利用。一是加强对中华优秀传统体育文化的挖掘、保护和阐释工作。积极组织力量开展地方体育历史文化、体育名人的挖掘工作，编写出版体育史志、体育人物志。加强对分布在全国各地的体育非物质文化遗产项目（民族、民间和民俗体育活动）进行针对性调研，加强体育文物、档案、文献等普查、收集、整理、保存和研究利用工作。二是进一步推动体育非物质文化遗产申报工作，弘扬和保护优秀中华体育文化遗产。积极开展体育非物质文化遗产的展演活动，推动与中国国际非物质文化遗产节的合作，开展体育非物质文化遗产专场活动。鼓励举办各种民族、民间和民俗性体育活动，尤其是有悠久历史传统的地区要结合本地区的节令活动、传统庆典，举办群众喜爱的传统体育活动。推动传统体育类非物质文化遗产进校园。三是实施中国体育非物质文化遗产保护与推广活动，完善政府、市场、传承人、社会组织、群众等多方参与的工作机制，持续开展“体育六艺”系列活动，推动体育非物质文化活态化保护与传承。

专栏 8-3

一条龙舟，从中国划向世界

龙舟运动是中华民族优秀传统体育项目，历史悠久、文化底蕴深厚，承载了“同舟共济、奋勇争先”的中华民族精神。2010年5月，湖南省沅陵县，广东省东莞市万江区，贵州省铜仁市、镇远县联合申报的赛龙舟入选了传统体育、游艺与杂技项目类非物质文化遗产，列入第三批国家级非物质文化遗产名录推荐项目名单。目前，我国龙舟运动已初步形成了多层次的赛事体系，主要包括以中华龙舟大赛为代表的高水平专业性系列赛，以中国龙舟公开赛为代表的普及推广性系列赛，以中国龙舟大奖赛、国际邀请赛、海峡两岸赛、世界华人赛为代表的特色品牌赛事。

2021年，第十四届全运会群众比赛龙舟项目决赛在温州举行，是龙舟项目第二次进入全运会。温州自古就有龙舟竞渡的传统，近年来举办了三届中华龙舟大赛，创造了“最多参赛队的龙舟赛”吉尼斯世界纪录并保持至今。温州制定发布了全国首个传统龙舟制造地方标准，打造龙舟文化主题公园，建设龙舟文化博物馆，开展龙舟文化进校园活动，组建中华龙舟海外文化传播队，为弘扬中国龙舟文化和龙舟精神作出了积极贡献。

龙舟运动深受广大人民群众喜爱，已成为全国体育大会、全国运动会、全国青年运动会、全国少数民族运动会、全国冬季运动会的比赛项目，中国龙舟协会每年举办赛事活动30余场。龙舟运动也是华人华侨以及中国文化爱好者喜欢的文化体育活动，成为东亚运动会、亚洲沙滩运动会、亚运会等国际综合性赛会的比赛项目，国际龙舟联合会会员国家（地区）达到90个。

第二节　强化全民健身激励

强化全民健身激励，有利于激发人民群众参加体育锻炼的内生动力，推动体育锻炼由日常生活的“选择题”变为“必答题”，“可选项”变为“必选项”，形成经常性参加体育锻炼的长效机制。当前，我国激励人民群众参与体育锻炼的手段不多、方式不新，尚未建立科学客观反映地方全民健身工作成效的第三方评估机制，缺乏调动地方发展全民健身积极性的有效举措。要建立向国家体育锻炼标准和运动水平等级标准达标者颁发证书的制度，鼓励有条件的地方发放体育消费券，委托第三方定期发布全民健身城市活力指数，开展全民运动健身模范市、县（市、区）创建工作，建立激发人人参与体育锻炼的长效机制。

一、向国家体育锻炼标准和运动水平等级标准达标者颁发证书

《国家体育锻炼标准施行办法》提出，对参加测验达到优秀、良好和及格等级者发给相应等级的证书。目前，国家体育锻炼标准电子证书系统累计发放电子证书11万余份。但达标测验活动仍存在层次少、系统性不足、规范性不够、参与人口比例低、深入基层不够等问题。要构建出多层次、系统化、规范化的国家体育锻炼标准达标测验活动体系，鼓励地方常态化开展达标测验活动，向更多达标者颁发证书。一是把开展国家体育锻炼标准达标测验活动纳入本地区全民健身公共服务体系建设，作为健身公共服务的重要内容，逐步把达标测验合格率作为衡量本地区群众体育发展的重要指标。二是鼓励保险机构在提供健康风险评估和干预时，可以将参加国家体育锻炼标准达标测验活动的证书，纳入客户疾病风险评估因素，建立对持续科学运动保险客户的激励机制。

通过运动水平等级标准测试，可以让人民群众了解自身某一运动项目技能的真实水平，鼓励其为获得更高等级证书而继续参加体育锻炼，享受“晋段升级”的快乐，提升健康水平。制定并推广面向全民的运动水平等级标准和评定体系，组织开展运动水平等级评定赛事或测评活动，有利于扩大拥有运动水平等级证书的

项目人口。例如，中国羽毛球协会全面施行《羽毛球运动水平等级评定标准》，将等级从三级运动员扩展至九级运动员，同时为鼓励少年儿童参与，专门设立了7个少儿等级。中国跆拳道协会推出《中国跆拳道协会级位管理办法》，将跆拳道级位分为10级，以腰带颜色区分。但是，很多全国性单项体育协会尚未制定面向大众的运动水平等级标准及评定体系。要根据不同项目、年龄段特点进一步制定并完善相关评定标准、业务标准、行业规范，制定运动项目培训标准，明确开展培训的基本场地设施条件、培训师资要求、培训课程设置等。

二、鼓励有条件的地方发放体育消费券

消费是经济增长的主引擎。发放体育消费券，对于培养群众健身习惯、促进体育消费、推动体育产业发展具有积极推动作用。2020年，为应对新冠肺炎疫情对体育消费的冲击，全国共有16个省市及相关地级市组织发放了体育消费券，有效激发了群众参加体育锻炼的热情，提振了消费信心，促进了体育消费回补。从发放形式上看，多通过线上App以电子券形式发放，设计灵活，精准性高，操作成本低，有效避免了传统消费券发放不透明的问题。从发放对象上看，以普惠性为主，对困难群众、青少年等重点群体实行定向发放。从资金来源来看，既有财政资金，也调动了社会资金。

体育消费券对于拉动体育消费、刺激体育产业复苏发挥了积极作用。一方面，短期刺激效果较为明显，2020年，全国地方财政资金投入体育消费券超过9亿元，拉动体育消费超过100亿元，拉动比

例约为1∶11。另一方面，激发了市场主体活力，2020年，全国参与体育消费券发放和使用的市场主体超过5 000个，体育消费人次超过1 100万。但是，体育消费券发放也存在一些制约因素：一是地方政府财力支撑普遍不足，各地基本上采取“政府补贴一点、商家让利一点、平台支持一点”的方式筹集消费券资金。经济落后地区或受新冠肺炎疫情冲击较大地区的居民同样对体育消费券有迫切需求，但是当地政府财力薄弱，派发消费券额度受限，后继不足。二是体育消费券领取使用存在诸多门槛，使用方法过于复杂，与居民个性化的消费需求和消费习惯不相匹配。一些地方在选择互联网发放平台、指定合作商户时过于单一，难以给居民提供多样化选择。三是监管措施有待完善，一些商家趁机抬高价格，搞虚假促销，有的消费者与商家合谋违规“套现”，一些线上二手交易平台，利用虚拟定位工具在全国范围内抢券，低收高卖，导致消费券未能真正发挥作用。

用活用好体育消费券，促进体育消费回补和体育产业回暖，培养更多人经常参加体育锻炼的习惯。一是精准设计推出更多形式体育消费券，可结合端午、中秋、国庆等7个法定节假日以及暑期休假，提前设计，适时适度推出体育消费券。可结合冰雪、山地、水上、航空等特定运动项目设计冰雪等特定项目的体育消费券。二是注重向中小商户和中低收入者倾斜，进一步降低支付手续费用及平台佣金，鼓励更多中小商户参与，引导企业更多让利民众。对于部分体育服务行业，可以发放不设门槛的体育消费券。对于低收入群体，可以尝试发放直接抵扣券。三是着力营造安心消费环境，简化体育消费券发放和领取流程，降低使用门槛和各种限制，扩大体育消费券可用领域和业态的覆盖面，提高居民消费自由度、便捷度。四是发挥社会监督和舆论监督作用，综合利用大数据分析、现场抽查、随机抽查等方式，加大对套现、转让和“薅羊毛”的查处力度，实施失信行为联合惩戒。

专栏 8-4

江苏省连续5年发放体育消费券

为激励全民健身活动广泛开展，推动青少年体育发展，释放体育消费潜力，2017年以来，江苏省连续5年从省级体育彩票公益金中安排资金，专项用于发放体育消费券。2021年，江苏省体育消费券增加到6 000万元，扣除发行费外，发放3 901.5万元普通消费券、1 000万元社会体育俱乐部消费券、500万元青少年游泳培训券、300万元苏北青少年健身培训券、180万元慢病运动干预消费券、20万元健身达人消费券。

江苏省健身群众均可按照规定自愿实名领取普通消费券。2021年，面向6～18岁的青少年发放社会体育俱乐部消费券、青少年游泳培训券、苏北青少年健身培训券。青少年游泳培训券通过网络公开报名的方式发放，用于推动全省1万名青少年学会游泳。苏北青少年健身培训券面向连云港、淮安两市的青少年发放。慢病运动干预消费券发放对象由江苏省运动促进健康中心试点单位向社会招募确定。健身达人消费券发放对象为业余运动等级四、五星级（含）以上运动员和“迎新春抗疫情”江苏健身气功网络公开赛总分前200名人员。

江苏省体育消费券采取“体育＋互联网＋金融”的方式发放，健身群众办理“江苏全民健身卡”，通过专用微信小程序或手机App领取，并到体育消费券定点场馆使用。为服务好健身群众使用体育消费券，江苏省确定了600多家定点服务场馆，向群众提供规范的体育消费券服务。

江苏省体育消费券惠及面广，民众参与积极性高、反响强烈，受到众多健身群众的好评，定点体育场馆的经济效益和社会效益不断提升，拉动消费、刺激经济的效果初步显现，对促进体育企业复工复产、引导大众参与消费起到积极作用，为其他地方的体育消费券的发放提供了典型样板。

三、打造全民健身活力城市

全民健身活力城市以体育为发展引擎，将体育融入城市发展和市民生活全过程、各环节，以构建更高水平的全民健身公共服务体系为切入点，全面提升公共服务供给能力，培养市民健康生活方式，优化城市规划布局，推动产业转型升级，厚植城市精神、彰显城市品格，营造积极向上、朝气蓬勃的城市氛围。打造全民健身活力城市，是以点带面构建更高水平的全民健身公共服务体系的重要举措，是探索城市发展新路径、新模式的有益尝试，有利于点上突破，推动形成示范引领效应。当前，全国部分城市结合自身实际，已经在积极探索通过发展全民健身来全面提升城市活力。例如，上海每年都会发布全民健身发展指数，从健身环境、运动参与、体质健康三方面反映全民健身的整体情况，推动上海市全民健身公共服务在均等化、标准化、融合化、智能化发展方面不断取得新进步、新成效。

打造全民健身活力城市，要以科学的活力指数为参考系，引导各地审视自身全民健身公共服务存在的问题，立足自身实际提出打造全民健身活力城市的发展目标、重点任务和具体举措。一是高标准研究制定全民健身城市活力指数指标体系，推动活力指数规范化、标准化、精细化。围绕公共服务、规划布局、产业转型、城市精神等方面设计一级指标，围绕生活方式、健身环境、参与程度、健康水平等方面设计二级指标，围绕健身方式、健身场地设施、健身组织和健身指导、健身活动和健身人数、体育消费与健身休闲服务、体质健康、政策和经费保障等设计三级指标，构建全民健身城市活力指数指标体系，形成综合活力指数、单项活力指数。二是健全全民健身城市活力指数评价机制，制定工作规范和评价标准，委托第三方开展评估，逐步形成客观公正、多方参与、激励先进的评价体系。三是运用大数据、物联网、云计算等新一代信息技术进行数据抓取、信息归集，提高数据的广泛性、代表性、精准度。四是建立健全全民健身城市活力指数信息发布制度，定期发布全民健身活力城市蓝皮书，引导城市正视差距、找准短板弱项、精准施策，提高全民健身发展的整体水平。

四、创建全民运动健身模范市、县（市、区）

经全国评比达标表彰工作协调小组批准，从2018年起，在“全国群众体育先进单位和先进个人”表彰项目中增设“全民运动健身模范市”“全民运动健身模范县（市、区）”子项目，宣传推广体育工作特色做法和先进经验。全民运动健身模范市、县（市、区）的创建，要坚持服务群众、贴近生活、重在建设、注重实效、因地制宜、多办实事的原则，着力破解群众健身难题，形成党政齐抓共管、部门协同推进、社会动员有力、群众广泛参与的全民健身发展新格局，提高城市文明程度，提升人民生活品质和健康水平。

全民运动健身模范市、县（市、区）创建要把握以下标准：一是组织领导坚强有力。成立创建工作领导小组，设立创建工作机构，建立完善全民健身工作协调机制，形成齐抓共管的组织保障机制。体育部门力量充实，机构完善，经费有保障。各级体育总会和体育协会机构健全，实现市、县、乡、街道社区全覆盖。二是全民健身规划科学完备。制定全民健身总体规划和相应实施方案，明确发展目标、内容、重点工程和项目。制定全民健身公共服务设施专项规划，把全民健身规划纳入地方经济社会发展规划。三是全民健身公共服务完善。健全服务标准，搭建服务平台，提供系统、全面的全民健身公共服务清单。举办各类健身赛事活动，形成全民健身赛事活动体系，围绕当地传统和特色打造品牌赛事活动。建立支持社会力量开展全民健身赛事活动的工作机制。动员医疗机构开展国民体质监测，开具运动和营养处方，设立科学健身门诊，培训运动处方医生，培养家庭健身教练，提供科学健身服务。推动开展青少年和业余足球联赛，普及推广工间操。四是全民健身场地设施充足。通过多种渠道加大全民健身场地设施供给，机关、学校体育设施向社会开放，公共体育场馆向公众免费或低收费开放。全民健身设施网络和城市社区15分钟健身圈全覆盖，新建社区的体育设施覆盖率达到100%，在乡镇、行政村实现公共健身设施100%全覆盖。建设健身步道、体育公园、社区健身中心等各类体育场地设施。五是全民健身社会参与广泛。提高创建工作群众知晓率和支持率，形成各方力量积极参与创建的良性局面。广泛动员群众参与创建工作的规划、管理和监督。全民健身融入地方精神文明创建，把全民健身活动作为培育和践行社会主义核心价值观的重要内容。搭建健身文化交流平台，普及体育健身文化知识，提高科学健身意识。六是全民健身政策体系完备。健身场地设施建设政策保障体系完善。“体育+”“+体育”融合发展政策体系健全，体育与城市融合发展的路径明确，体育与卫生健康、教育、文化旅游等领域有效融合。制定促进体育产业发展的相关政策，群众体育健身消费需求旺盛，人均体育消费支出明显提高。七是全民健身投入机制健全。地方财政重视对全民健身事业资金投入，体育彩票公益金重点用于全民健身工作，教育部门设立专项资金用于发展青少年体育。社会资本踊跃进入全民健身领域，国家关于体育产业的税费优惠政策得到落实。八是全民健身激励措施到位。搭建全民健身激励平台，调动城乡基层单位和个人的积极性，树立群众身边的全民健身榜样，发挥典型示范带动作用。建立以发放体育健身消费券、全民健身卡等为手段的全民健身激励机制。广泛推行《国家体育锻炼标准》和体育运动水平等级标准。

完善全民运动健身模范市、县（市、区）的创建工作。一是进一步完善全民运动健身模范市、县（市、区）的评价指标和评审方法。二是学习借鉴创建全国文明城市、全国卫生城市、全国健康城市的典型做法与经验，积极推进城乡健身组织、健身活动、健身指导等公共资源及服务要素的协调配置。三是畅通全民健身建议与投诉平台，完善全民运动健身模范市、县（市、区）的准入与退出机制。

第三节　开展全民健身国际交流

体育是全世界的“通用语言”，在国际交往中有着独特魅力，对大国外交有着突出贡献。开展全民健身国际交流，是中国特色大国外交的重要部分，是国际人文交流的重要形式，也是加快体育事业发展的有效路径。要以2022年北京冬奥会等国际赛事为契机，与共建“一带一路”国家搭建合作平台，共建“冰雪丝路”，支持中华传统体育项目走出去，提高全民健身国际交流的广度和深度。

一、发挥北京冬奥会等国际重要赛事的带动作用

近年来，我国举办的国际体育赛事蓬勃发展，赛事的数量、规模、品质和影响力大大提升。举办国际体育赛事，促进了举办地基础设施建设，增进了体育人才往来和国际交流，提升了群众体育素养，有力促进了当地经济、社会及文化发展。例如，2008年北京奥运会的举办，促进了奥林匹克体育精神在中国快速传播，激发了大众参与体育活动的热情，推动了国际体育赛事的本土化和大众化，提升了公民体育参与度和健康水平，促进了北京经济社会的可持续发展，展示了中国良好的国际形象。

未来一段时期，我国将密集举办一系列重大国际体育赛事，主要包括北京2022年冬奥会和冬残奥会、汕头2021年亚洲青年运动会、杭州2022年亚运会、成都2022年第56届世界乒乓球团体锦标

赛、2023年第18届亚足联亚洲杯足球赛等高规格主场体育赛事。其中，北京2022年冬奥会和冬残奥会是我国即将举办的影响最大的国际体育赛事。我国要充分发挥北京“双奥之城”在弘扬奥运精神、传承奥运遗产、推动奥运城市交流等方面的引领作用，推进北京与国际其他奥运城市在全民健身领域的交流与合作。

以2022年北京冬奥会等国际赛事为契机，进一步扩大对外体育交流与合作。一是在“优势互补，互利共赢”的基础上与世界体育大国、强国发展双边合作关系。本着“与邻为善，以邻为伴”的精神，与亚洲周边国家开展体育交流与合作。根据“突出重点，量力而行”的原则，开展与非洲和拉美国家的务实合作。二是积极参与政府间人文交流活动，以体育交流活动丰富人文交流的内涵，拓展与国际体育组织的合作领域，积极参与国际体育事务，增强国际体育事务话语权，加快体育外事人才培养。三是巩固深化与港澳台体育交流合作，巩固和发展两岸体育交流的良好局面，积极支持港澳体育发展，继续推动内地与港澳体育界的交流互动，增强港澳同胞的国家认同感和民族自豪感。

二、与共建“一带一路”国家搭建合作平台

2013年习近平总书记提出“一带一路”合作倡议，倡导沿着古代丝绸之路的历史足迹，积极发展与沿线国家的经济合作，共同打造政治互信、互利共荣、文化包容的利益、命运、责任共同体。与共建“一带一路”国家搭建合作平台，共同举办群众性体育赛事，对于丰富和拓展共建“一带一路”合作领域，助力共建“一带一路”高质量发展具有重要意义。近年来，我国举办了“丝绸之路国

际汽车拉力赛”“一带一路”马拉松赛事、“一带一路”乒乓球合作计划、“中国武术丝路行”等赛事，以体育为纽带搭建起民心相通的桥梁。但是，与共建“一带一路”国家开展全民健身国际交流，缺乏国家层面的总体布局和机制建设，尚未形成“以点连线、织线成网”的关联式合作交流，缺乏国家级常态化合作平台，短期合作多、中长期合作少，尚未在国际合作中建立起“你中有我、我中有你”的紧密关系，总体合作水平仍处于浅层次。

与共建“一带一路”国家搭建合作平台。一是制定实施共建“一带一路”体育发展行动计划。积极搭建各类体育交流平台，构建“立足周边、面向欧亚、联动全球”的体育国际合作布局，创新全民健身合作模式，扩大民间交流，拓展共建“一带一路”合作新空间。二是共同举办群众性体育赛事。通过开展“一带一路”搏击对抗赛、四国篮球邀请赛、乒乓球邀请赛、环青海湖国际自行车赛等赛事活动，着力打造、做强一批有吸引力的“一带一路”群众体育赛事品牌，推动全民健身国际交流合作不断深入。三是共建“冰雪丝路”。以冰雪运动国际合作为重点，加强与国外冰雪资源富集地区的战略对接和政策沟通，推动建立“冰雪丝路”地方政府间合作机制，开展大众冰雪国际赛事活动。四是组建“一带一路”国际体育产业联盟。以“一带一路”沿线国家为重点，深度开展体育产业合作，拓展国际体育产业链条，发起组建国际体育产业联盟。五是开展体育旅游国际合作。成立“一带一路”体育旅游领导机构，加强管理协调、舆论宣传和政策制定，联合打造具有丝绸之路特色的体育旅游产品、赛事和线路，共同打造“一带一路”国际体育旅游带。

三、推动中华传统体育项目走出去

中国传统体育种类繁多、特色鲜明、内涵丰富，是中华民族的宝贵财富，越来越受到国际友人的喜爱。近年来，中华传统体育项目走出去取得了可喜进展。例如，国际武术联合会、各大洲武术联合会先后成立，中华武术已在155个国家和地区得到推广和开展，成为中外高层人文交流机制和国际武术赛事中的重要项目。但是，中华传统体育项目走出去的数量还不多、接受度还不高、认同感还不强、影响还不广泛，与国际通行体育规则衔接还不够顺畅。

推动中华传统体育项目走出去。一是将武术、龙舟、围棋、健身气功、舞龙、舞狮等更多中国优秀传统体育项目纳入国际交流范畴，进一步拓展国际推广渠道和层次，畅通中外体育人文交流机制，打造品牌赛事，继续做大做强“武术一带一路行”等品牌活动。二是将更多中华传统体育项目纳入国际体育比赛项目，争取使其成为国际体育赛事的常设项目。以武术进入青奥会为契机，通过举办赛事、开展培训、组织巡演、提供援助、建立国际推广体系等多种方式，加大包括武术项目在内的中华传统体育项目推广，扩大中华传统体育项目的国际影响力和认可度。三是积极做好中华传统体育项目国际标准化、规范化、品牌化建设，推动国际体育组织构建全方位、立体化的国际推广体系。四是建设中华传统体育项目国际推广人才队伍，培养一批精于国际规则、国际文化传播的各类国际体育人才，加大对国际体育规则的研究力度，增强我国在国际体育规则制定中的话语权。

专栏 8-5

“中华武林大会”促进中法人文交流

“中华武林大会”自2015年起已成功举办5届，是中法人文交流高级磋商机制项目之一。中国武术协会多次派出由知名专家和高水平运动员组成的队伍，分别赴法国鲁昂、里昂等城市，开展武术培训和展演活动，展示武术和中国传统文化魅力，获得各方关注和好评。

为纪念中法建交55周年，落实中法人文交流活动计划，2019年10月27日至11月5日，国家体育总局武术运动管理中心派出代表团，赴法国里昂进行武术培训和展演，指导当地学员学习陈式和杨式太极拳，运动员们还为大家表演了24式太极拳。11月2日，中国武术协会代表团同当地武术爱好者联袂进行武术表演，近1 500名里昂市民观看演出。11月3日，里昂华裔联谊会组织与世界冠军面对面的活动，当地华人华侨踊跃报名，约120人参加了当天的活动，小朋友们学习了武术的基本动作，家长们学习了24式太极拳，参会者深为武术的魅力所折服。里昂市政府热烈欢迎中国武术代表团到访，盛赞中两国悠久历史和灿烂文化。

举办“中华武林大会”让法国人民进一步领略和感受到中国文化的博大精深，是中法友好关系的生动体现。“中华武林大会”已成为彰显中法两国悠久历史、灿烂文化以及两国人民智慧和创新精神的重要平台，推动着民心相通和中法友好关系不断向前发展。

第九章

强化支持全民健身发展的要素支撑

构建更高水平的全民健身公共服务体系离不开土地、人才、资金、科技、数据、法制等要素支撑。近年来，支持发展全民健身的要素条件不断改善，但是仍然面临土地供给紧张、人才队伍短缺、资金保障不足、科技应用滞后、数据利用不充分、法制保障不健全等问题。要进一步保障土地供给，加强紧缺领域人才培养，拓展资金渠道，促进科技成果转化应用，推动数据共建共治共享，强化法制保障，为构建更高水平的全民健身公共服务体系注入源源动力。

第一节　保障土地供给

土地要素是完善全民健身场地设施、广泛开展全民健身运动的基础性条件。要通过增加体育用地、盘活城市空闲土地、对土地复合利用等方式，扩大土地供给，强化功能整合，提高土地利用效率，多渠道保障发展全民健身的土地供给。

一、增加体育用地

积极引导全民健身用地控制规模、科学选址，将全民健身场地设施用地纳入国土空间规划和年度用地计划，合理安排用地需求，及时安排新增建设用地计划指标。对符合《划拨用地目录》的非营利性体育用地，可以采取划拨方式供地。对不符合《划拨用地目录》的，可以协议有偿供应。鼓励以长期租赁、先租后让等方式，供应全民健身场地设施建设用地。在土地利用总体规划确定的城市和村庄、集镇建设用地范围外布局的全民健身项目，可以按照单独选址项目安排用地。支持农村集体经济组织自办或以土地使用权入股、联营等方式参与全民健身项目。

二、盘活城市空闲土地

在不影响相关规划实施及交通、市容、安全等前提下，可应社会主体申请，提供城市空闲土地建设健身设施，并可以依法按照兼容用途、依据地方关于临时建设的办法进行管理。因地制宜，鼓励各类市场主体利用工业厂房、商业用房、仓储用房等既有建筑及屋顶、地下室等空间建设改造成体育设施，并允许按照体育设施设计要求，依法依规调整使用功能、租赁期限、车位配比及消防等土地、规划、设计、建设要求，实行在五年内继续按原用途和土地权利类型使用土地的过渡期政策。

三、推进复合利用

支持对健身设施和其他公共服务设施进行功能整合。在不改变、不影响建设用地主要用途的前提下，鼓励复合利用土地建设健身设施，通过与具有相容性用途土地产权人达成使用协议的方式促进健身设施项目落地。鼓励各地探索利用集体建设用地、符合条件的"四荒"（荒山、荒沟、荒丘、荒滩）土地发展全民健身服务。在不改变不占压土地、不改变地表形态、不破坏自然生态的前提下，充分利用山、水、林、田、湖、草等自然资源建设全民健身场地设施，对不占压土地、不改变地表形态的，可按原地类管理。在不妨碍防洪、供水安全等前提下，可依法依规在河道湖泊沿岸、滩地建设健身步道等。

专栏 9-1

高尔夫球场转社会足球场　实现土地高效集约利用

按照国家关于高尔夫球场清理整治有关要求，2018年福建漳州古雷半岛高尔夫球场退出经营，企业面临巨大损失，土地面临巨大浪费，公司一度陷入经营困境。2019年7月国家发展改革委、国家体育总局印发《全国社会足球场地设施建设专项行动实施方案》，明确了支持社会力量建设社会足球场的资金支持政策，发出吸引社会力量参与社会足球场建设的明确信号。在国家政策引导下，经过广泛调研和反复论证，古雷半岛高尔夫球场运营方决定将原高尔夫球场改造成高品质天然草足球场，在原地建设欢乐岛国际足球训练基地。

经过专家评审，国家发展改革委、国家体育总局将漳州市列为全国社会足球场地设施建设专项行动首批重点推进城市，欢乐岛社会足球场项目成为重点项目之一。项目规划新建33片天然草足球场（其中23片11人制，10片5人制），以及综合训练馆、运动员餐厅、运动员公寓、运动康复中心、草坪机械维保中心等相关配套设施。国家发展改革委安排中央投资预算3 200万元，对项目建设予以支持，带动总投资约8.6亿元。

原古雷半岛高尔夫球场占地1 200多亩，实际每年经营接待3万人次左右，仅能开展高尔夫一项运动。转型发展后，欢乐岛足球训练基地拥有33片社会足球场，可同时开展足球、橄榄球、网球、棒球等多种运动项目，每年可接待近30万人次进驻训练，大大提高了土地的利用效率，有效补齐了社会足球场地设施短板，促进了当地全民健身事业发展。

第二节　加强人才培养

我国全民健身领域的人才队伍与满足人民群众广泛参与的需求相比还存在较大缺口，尤其是在冰雪、足球等紧缺领域，供需矛盾更加突出。要加强全民健身人才队伍建设，加快紧缺领域人才培养，推动全民健身与学校体育、竞技体育后备人才培养形成良性互动。

一、加强全民健身人才队伍建设

扩大全民健身人才队伍总量。树立新型全民健身人才观，制定全国体育人才中长期发展规划，实施高层次人才培养专项计划，努力培养适应全民健身发展需要的组织、管理、研究、健康指导、志愿服务、宣传推广等方面的人才队伍，建立健全适应体育行业特点的人事制度、薪酬制度、人才评价机制。鼓励普通高校、职业院校设置全民健身相关专业，形成有效支撑全民健身发展的高层次人才培养体系。引导退役运动员从事全民健身相关行业。加大对民间健身领军示范人物、基层榜样人物的发掘和扶持力度。在家庭医生、社会体育指导员中培养一批体育与医疗卫生复合型人才。

提高全民健身人才队伍质量。选派重点项目、重点领域专业人才出国（境）培训、留学，支持与海外高水平机构联合培养体育人才。加大体育引智工作，积极引进教练员、运动员、职业经理人等。加强竞技体育与全民健身人才队伍的互联互通，形成全民健身与学校体育、竞技体育后备人才培养工作的良性互动局面，为各类体育人才培养和发挥作用创造条件。将全民健身人才培养与教育、人力资源社会保障、农业、文化、卫健、工会、残联等部门和单位的人才教育培训相衔接。

加强全民健身人才资源跨域融合发展。打破地域分割、分类管理的传统模式，发挥市场在人才资源配置中的决定性作用，逐步建立和完善全民健身人才市场体系。京津冀、长三角、粤港澳等地区可以整合区域内高校及科研院所优势资源，协同培养全民健身赛事策划、市场运作、经营开发、体育管理等方面的人才，利用区域内优质教育、科技资源，鼓励企业、高校、科研院所及有资质的培训机构，与地方政府合作共建全民健身人才合作培养基地，实现人才资源跨域共享、融合发展。

二、加快紧缺领域人才培养

加强冰雪领域人才培养。健全冰雪人才职业标准和冰雪运动社会体育指导员培训体系。发挥政府扶持引导作用，建立冰雪人才信息库，鼓励冰雪人才资源开发和人才引进，提升冰雪体育服务水平。加强师资队伍建设，鼓励有条件的高等院校和职业学院设置和发展冰雪产业相关专业。发挥行业协会、高等院校、社团俱乐部和企业等各类力量，充分利用多样化教育资源开展冰雪人才培养和培训，支持退役运动员接受再就业技能培训，推动跨界合作，共同培养冰雪运动人才。加强冰雪人才的国际交流和培养。

加强足球领域人才培养。面向市场需求，通过高等院校、科研院所、中职教育、职业培训和继续教育等多种形式，培养足球行业人才。支持有条件的高等院校设置足球相关专业和课程。建立和规范运动员、教练员、裁判员等人才注册制度，理顺球员培养补偿和转会机制，推动与国际通行规则相接轨。加大足球从业人员培训力度，将校园足球教师、社会足球指导员、足球教练员的专业技能培训，按规定纳入教师培训、全民健身、技能人才培养、就业培训等专项范围。

完善马拉松人才培养机制。加强马拉松人才培养的规范化和专业化。发挥中国马拉松学院在人才培养、科学研究、赛事组织、大众马拉松训练指导等方面的作用，使其成为我国培养优秀体育人才特别是马拉松人才的重要基地。发挥行业协会、高等院校、社团俱乐部和企业等各类力量，利用多样化教育资源开展马拉松人才培养。建立行业人才数据库，积极通过知识共享、交流、培训等传播马拉松及跑步赛事管理、科学健身及训练的知识，提升行业人员素质。加强与国外马拉松高水平国家、地区以及企业的合作，推动马拉松人才的国际化培养，打造更多国际田联金标赛事，吸引境外大众参与中国境内马拉松赛事，实现马拉松人才培养的国际化和赛事的国际化。

加大户外运动人才培养培训力度。鼓励有条件的高等院校设立山地户外运动产业专业，开展各类职业教育和培训。鼓励高等院校、科研院所、职业培训机构和体育企业建立山地户外运动产业教学、科研和培训基地。支持开展户外运动项目社会体育指导员培训，培养高质量的户外运动社会指导员。建立户外运动专业运动员可持续发展机制，拓宽退役运动员发展空间和转岗就业渠道。加强行业从业人员职业培训，提高从业人员专业技能与服务水平。加强山地户外运动产业人才培养的国际交流与合作，加快山地户外运动产业智库建设。

第三节　拓展资金渠道

建立多元化资金筹集机制，充分发挥中央预算内投资“指挥棒”“压舱石”和“药引子”作用，向社会释放积极信号，撬动社会力量进入。进一步深化放管服改革，吸引更多企业进入全民健身领域投资兴业，形成多方合力。

一、加大政府财政投入

县级以上各级人民政府要将体育事业经费、体育基本建设资金列入本级财政预算和基本建设投资计划，建立与国民经济和社会发展相适应的财政保障机制。安排一定比例的彩票公益金等财政资金，通过设立体育场地设施建设专项投资基金和政府购买服务等方式，鼓励社会力量投资建设体育场地设施。进一步健全政府购买公共体育服务的体制机制，制定政府购买全民健身公共服务的目录、办法及实施细则，加大对基层健身组织和健身赛事活动等的购买比重。发挥中央预算内投资在全民健身领域的引导和撬动作用，与中央集中彩票公益金、公共文化服务体系建设专项资金互相补充、形成合力。

专栏 9-2

中央预算内投资和体育彩票公益金支持全民健身发展

中央预算内投资是由国家发展改革委负责管理和安排的中央财政性投资资金。根据《政府投资条例》，中央预算内投资资金的安排方式包括直接投资、资本金注入、投资补助、贷款贴息等方式。国家发展改革委实施全民健身设施补短板工程，支持体育公园、全民健身中心、公共体育场中标准田径跑道和标准足球场地、社会足球场地、健身步道、户外运动公共服务设施项目建设，2021年安排中央预算内投资20亿元。

体育彩票公益金是指经国务院批准，从体育彩票销售额中按规定比例提取的专项用于发展体育事业的资金。公益金按预算外资金管理办法纳入财政专户，实行收支两条线管理。在全民健身领域，公益金主要用于援建公共体育场地设施、捐赠体育健身器材、组织开展全民健身活动、开展全民健身科学研究和宣传。截至2020年底，体育彩票累计销量约21 595亿元，为国家筹集彩票公益金总额超过5 500亿元。

二、鼓励社会力量参与

积极吸引社会力量参与，形成多元投入机制，推动开展政府和社会资本合作（PPP）示范。优化政府投资方向，改进投资使用方式，通过投资补助、基金注资、担保补贴、贷款贴息、政府购买服务等多种方式鼓励社会资本参与全民健身场地设施建设、赛事运营、教育培训、器材装备等领域的研发和产业发展。加快推动设立由社会资本筹资的体育产业投资基金，鼓励社会资本以市场化方式设立全民健身发展投资基金。鼓励符合条件的企业发行企业债券，募集资金用于健身休闲产业项目的建设。鼓励金融机构在风险可控、商业可持续的基础上拓展全民健身领域金融服务新业务。落实好公益性捐赠税前扣除政策，引导公众对全民健身事业进行捐赠。社会力量通过公益性社会组织或县级以上人民政府及其部门用于全民健身事业的公益性捐赠，符合税法规定的部分，可在计算企业所得税和个人所得税时依法从其应纳税所得额中扣除。

专栏 9-3

社会领域产业专项债券发行指引

2017年8月，国家发展改革委印发《社会领域产业专项债券发行指引》。社会领域产业专项债券，是指由市场化运营的公司法人主体发行（公立医疗卫生机构、公立学校等公益性质主体除外），募集资金主要用于社会领域产业经营性项目建设，或者其他经营性领域配套社会领域产业相关设施建设的企业债券。其中包括体育产业专项债券，主要用于体育产业基地、体育综合体、体育场馆、健身休闲、开发体育产品用品等项目，以及支持冰雪、足球、水上、航空、户外、体育公园等设施建设。

社会领域产业专项债券以项目未来经营收入作为主要偿债资金来源。对项目收费标准由政府部门定价的，地方价格部门应及时制定和完善项目收费价格政策。此外，鼓励发行人以第三方担保方式，或法律法规允许的出让、租赁建设用地抵质押担保方式为债券提供增信。对于项目建成后有稳定现金流来源的项目，如体育场等，允许以项目未来收益权为债券发行提供抵质押担保。

第四节　强化科技支撑

进一步鼓励科技研发，支持区块链、虚拟现实、物联网、云计算、人工智能等先进技术在全民健身领域的加快应用，建设一批全民健身数字化应用场景，让新一代信息技术全面赋能更高水平的全民健身公共服务体系。

一、鼓励科技研发

与一些发达国家相比，我国高端体育科技自主创新能力依然较弱，缺少国际领先的体育科技企业，在竞技体育训练和研究中实际使用的科技产品主要来自引进以及模仿国外先进的体育科技成果。为进一步提高体育设施、健身装备、场馆运营管理等水平，需进一步鼓励全民健身领域高新科技研发，如基于三维建模的体感控制、虚拟现实和增强现实（VR/AR）、定位技术、动作捕捉技术、物联网、云计算、5G等。

专栏 9-4

新技术赋能全民健身

随着新一轮科技革命突飞猛进，人工智能、互联网、大数据等新兴技术加快在全民健身领域应用，不断孕育新的健身产品和服务，既可以帮助运动者改善身体机能、提高运动技能、提供个性化运动方案、减少运动损伤，也可以赋能体育场馆，提高体育场馆智慧化水平。

例如，激光定位、红外光学定位等技术，通过在足球场、篮球场、游泳馆等运动场所内布设基站，对佩戴定位标签的运动者、足球、篮球的位置及动作进行精确定位，实时收集数据，将运动姿势、加速度、心率等信息实时上传，开展数据分析，为体育训练和健身指导提供数据支撑。

又如，计算机视觉动作、基于惯性传感器的动作捕捉等技术，可以对运动者手势、动作等进行捕捉，通过三维步态分析系统，得到运动员关键关节点的三维空间坐标，帮助教练员科学量化分析和纠正运动员的动作，判断异常发生的原因，找出正确的训练方法，制定个性化的干预方案，提高运动成绩。动作捕捉技术还可以捕捉人体易发损伤动作的运动学数据，结合力学、解剖学分析，明确损伤发生的机制，了解可能造成损伤的因素，提出有效的防护方法。

再如，5G技术可以让体育场馆和观众获得高宽带、低延时的无线网络连接，为观众提供VR视角选座购票、“点餐”到位、场内3D地图导航、5G+AR智能贩售机等赛场便捷服务。依托5G技术，现场观众可以选择多视角观看实时赛事画面，获得多元化的观赛内容和服务，提升现场观看体验。通过VR全景多角度观赛，不在现场的观众可以实现无延迟观赛，从VIP座席视角、“上帝”视角、“门后”视角得到身临其境的观赛体验，“所见即所得”不再是足球、篮球、排球比赛中遥远的未来。

二、拓展应用场景

体育装备制造。目前有越来越多的制造商开始将3D打印技术应用于运动员装备领域。在竞速类项目中，极度贴合的运动装备不仅能够为运动员带来更高的操控性，也能极大降低前行阻力，产生更好的运动表现。美国残奥会团队运用3D打印技术，为运动员量身定做了个性化的轮椅以提高装备效能。3D打印技术可以针对运动员身体不同部位制作特定的护具，在增加舒适感的同时，提供高度个性化的保护。通过压敏薄膜，在伤害发生后，受伤检测服可以快速显示受伤的严重程度——如果衣服的某个区域受到严重的冲击，它就会改变颜色，以反映伤害情况。

健身服务。在采用无感采集技术的新型健身房中，运动者只需在初次使用时进行账号注册和绑定，未来在使用同类器材时，就可以通过无感采集实现人机互联和数据自动更新，即便不携带手机也可以实时上传个人的运动数据，为科学健身提供支撑。利用物联网、互联网、云计算等技术，可以建立智慧化的健身系统，搭载智慧化场馆管理、智慧化运动器材终端管理、智慧化体测、心率监测等模块，实现多维度的健康促进功能。5G、AR/VR等技术，可以使运动项目学习者由被动接受规则讲解、技术示范，转变为在虚拟现实场景中亲身感受运动项目，增强了健身课程的趣味性，学习效率更高、效果更好。AI动作识别技术可以捕捉识别运动者的步频、步幅等数据，科学判断跑姿是否正确，同时，搭配智能设备的心率控速功能，可根据实时心率调节速度，帮助用户更科学高效地锻炼。

场馆运营管理。利用5G、区块链、云计算等技术，建立信息化平台，形成以场馆运营为运作目标的智能系统，让场馆管理更加贴合实际运营需求。通过软硬件深度联结，打通数据壁垒，打造智能化、服务化、数据化运营体系。通过标准化服务培训、线上标准化课件、运营管理人才输送等高附加值服务，整合场馆运营和服务的相关资源，盘活场馆资源，降低运营管理成本，促进场馆运营管理能力升级。

训练备战。通过动作捕捉技术、定位技术等高科技手段，进行参数分析以指导训练，已经被全世界的高水平运动队广泛采用。例如，国家游泳队备战东京奥运会期间，通过风洞试验，探明运动员不同姿态所受阻力的规律，进行数字化的身体管理，为教练团队确定训练方案、优化技术动作等提供科学依据。

第五节 加快数据要素应用

2020年3月，中共中央、国务院印发了《关于构建更加完善的要素市场化配置体制机制的意见》，把数据作为与土地、劳动力、资本、技术等要素并列的新型生产要素。这意味着数据已经融入了我国经济价值创造体系，成为数字经济时代的基础性、战略性资源和重要生产力。我国数字化发展能力持续增强，数字经济规模不断壮大，信息便民惠民加速普及，数字治理格局日益完善。数据要素与全民健身公共服务相结合，可以提高全民健身公共服务效能，也有利于全民健身服务业转型发展。也应看到，现阶段全民健身相关数据资源整合不到位，开放共享程度不高，数据产权和安全保护需持续加强。应进一步推进全民健身相关数据资源整合，强化全民健身数据开放共享和安全保护，让数据为全民健身公共服务提供更有力的支撑。

一、推进全民健身相关数据整合利用

随着全球进入数字经济时代，数据要素的重要性越来越凸显，它既是重要的生产要素又是重要的战略资源，未来将成为国家之间、企业之间和个人之间竞争与合作的关键性要素。《2021中国大数据产业发展白皮书》显示，2020年我国大数据产业规模已达6 388亿

元，同比增长18.6%。随着5G和物联网的发展，业界对更为高效、绿色的数据中心和云计算基础设施的需求越发升高，大数据产业规模将保持快速增长，预计到2023年将突破万亿元，其中，全民健身大数据需求也将快速增长，“大数据+全民健身”正在使全民健身迎来新一轮变革。

全民健身公共服务数据来源丰富，既包括政府提供的全民健身基本公共服务领域，也包括社会力量提供的普惠性公共服务，如健身设施设备、赛事活动信息、服务标准规范等，还包括运动者在参与全民健身中产生的海量个人数据。大数据在全民健身公共服务中发挥着数据连接作用，通过对相关数据的搜集、分析、展示及预测，实现全民健身数据畅通衔接。要进一步促进各类供给主体关于全民健身公共服务的数据资源整合，全面涵盖数据采集、数据存储、数据加工、数据流通、数据分析、生态保障各环节。探索建立统一规范的全民健身相关领域数据管理制度，提高全民健身数据质量和规范性，增强数据挖掘能力，丰富全民健身数据产品。研究建立全民健身数据产权制度。

二、加强全民健身数据资源开放共享和安全保护

加快建立权威高效的全民健身数据开放共享机制，以跨部门高频服务事项为突破口，优化全民健身相关领域基础数据库，加快推动各地区、各部门数据共享交换。将全民健身数据共享纳入政府数据治理体系，制定出台新一批数据共享责任清单。促进全民健身数据交易流通，加强数字基础设施建设，规范数字建设行为，大力培育数据要素市场主体，培育数据要素商业化模式，研究建立促进企

业登记等全民健身数据开放和有效流动的制度规范。发挥行业协会商会作用，培育全民健身大数据经济新产业、新业态和新模式，支持构建全民健身等领域规范化数据开发利用的场景。

全民健身数据在开放共享的同时，也面临数据安全保护问题。数据安全涉及数据采集、存储、使用、传输、共享等多个环节，传统的监管手段难以有效应对数据作为生产要素这一新情况。要加强全民健身核心数据的全生命周期保护和管理，提升核心关键技术安全可控水平。制定全民健身数据隐私保护制度和安全审查制度，推动完善适用于大数据环境下的全民健身数据分类分级安全保护制度，加强对全民健身相关政务数据、企业商业秘密和个人数据的保护。

第六节　强化法治保障

完善的法规体系是全民健身公共服务的“压舱石”，对于清晰界定各方权责义务、规范市场主体行为、合理引导市场预期具有重要作用。要加快修订体育法，研究修订《全民健身条例》，研究制定《体育市场管理条例》《公共体育设施管理办法》，优化体育行政执法和监管机制，健全信息公开等各项制度，为构建更高水平的全民健身公共服务体系保驾护航。

一、加快修订《中华人民共和国体育法》

党的十八大以来，以习近平同志为核心的党中央就加快推进体育强国建设提出了一系列新理念新思想新战略，为加强体育法治建设指明了方向。当前，与人民日益增长的美好生活需要相比，体育发展不平衡不充分问题依然突出，有必要通过立法推动体育领域深化改革，破除束缚体育发展的障碍。与此同时，颁布二十多年的体育法已经滞后于经济社会发展。体育事业改革实践需要法律推动、保障，各类体育主体的权利义务关系有待法律进一步明确，体育法与其他法律冲突的问题亟待解决，筹办北京2022年冬奥会等国际赛事相关法律问题急需法律支撑，大量涌现的群众性商业性赛事活动需要法律监管作出回应。因此，修改体育法的现实需要和制度需求十分迫切。

体育法修订过程中要注重把握以下几点：一是落实体育强国和健康中国战略。紧扣实现全面依法治国和体育强国、健康中国建设目标，着力推进全民健身与全民健康深度融合，健全体育事业共建、体育资源社会共享机制。积极回应人民群众新要求新期待，突出依法保护公民参加体育活动的权利，明确促进全民健身的保障手段，提高全民族的体质健康水平。二是聚焦体育事业发展突出问题。当前，面临全民健身、学校体育、竞技体育发展不协调，全民健身公共服务体系不健全，体育纠纷特别是体育仲裁缺失等问题，需要着力制定和完善相关制度措施。三是确保修法与体育事业改革协同推进。近年来，国务院办公厅印发《体育强国建设纲要》《关于促进全民健身和体育消费 推动体育产业高质量发展的意见》等政策文件，需要将相关政策精神写入法律。四是做好体育相关领域衔接协调。坚持系统观念，既处理好体育内部各种形态之间的关系，又注重促进体育与健康、养老等其他领域协同发展。坚持立足基本国情，做好与国际规则的对接，汲取国际经验，尊重并加强对国际体育组织规则的理解和掌握，在制度设计上体现中国特色。

二、优化体育行政执法和监管机制

完善体育健身行业执法和监管制度。研究出台相关政策，从行业准入许可、场所产权证明、专业人员资质、规范服务流程等方面加大规范力度，实行“严进宽出”的管理模式。特别要加强对预付式模式的监管，加快修订《单用途商业预付卡管理办法》，建立对预付费会员卡发卡机构的登记、申报、备案等制度，强化体育健身行业市场监管。

探索建立企业信息公示制度。开展体育健身企业信息公示，在自愿的前提下，推动体育健身企业在“信用中国”网站，向社会公开企业法人名称、服务种类、收费模式、服务价格等内容。出台示范合同文本，明确双方权利义务，将体育健身企业信息公示有关工作纳入统筹实施。

加强行业自律和宣传引导。充分发挥全民健身相关行业协会作用，完善行业标准规范。强化行业信用自律，建立体育健身企业向社会公开信用承诺制度。引导理性消费，鼓励消费者优先向主动开展信用承诺的体育健身企业购买健身服务。

第十章

加强组织实施

构建更高水平的全民健身公共服务体系，是“十四五”时期及未来更长一段时期推动体育强国建设、深入实施全民健身国家战略的重点任务。要坚持党对体育工作的全面领导，更好履行各级政府职责，更大程度激发各类主体的活力和创造力，形成强大合力，以钉钉子精神确保各项政策措施落地见效。

第一节　完善组织领导

奋斗创造历史，实干成就未来。把各项任务举措落到实处，根本在于在党中央集中统一领导下，动员组织各级各方面力量真抓实干。

一、自觉增强责任感和使命感

构建更高水平的全民健身公共服务体系，是顺应人民对高品质生活期待的内在要求，对推进健康关口前移，促进人的全面发展和社会全面进步具有重要意义，党中央、国务院高度重视。习近平总书记指出，要紧紧围绕满足人民群众需求，统筹建设全民健身场地设施，构建更高水平的全民健身公共服务体系，并多次就全民健身作出重要批示指示。李克强总理多次主持国务院常务会议部署促进全民健身发展相关工作。要提高政治站位，深刻认识构建更高水平的全民健身公共服务体系的重大意义，自觉站在党和国家大局上想问题、办事情，增强责任感和使命感。

二、加强党对全民健身工作的全面领导

构建更高水平的全民健身公共服务体系，关键在党。充分发挥党总揽全局、协调各方的作用，贯彻落实新时代党的建设总要求，坚持党要管党、从严治党，把党的领导贯穿到全民健身公共服务体系建设工作的各方面、各环节中。用习近平新时代中国特色社会主

义思想武装党员干部，切实用习近平总书记关于体育工作的重要论述破解全民健身公共服务体系建设的难题，更好发挥党的职能部门作用，完善体现新发展理念和正确政绩观要求的干部考核评价体系，建立激励机制和容错纠错机制，调动各级领导干部对全民健身公共服务体系建设各项工作的积极性、主动性、创造性，为构建更高水平的全民健身公共服务体系提供坚强的政治保障。

完善党委领导、政府主导、社会协同、公众参与、法治保障的全民健身工作机制。充分发挥国务院全民健身工作部际联席会议机制作用，将构建更高水平的全民健身公共服务体系纳入联席会议机制统筹推进，将各项工作纳入联席会议年度工作计划，明确责任分工，建立目标任务分解考核和动态调整机制。发展改革、体育、民政、人力资源社会保障、卫生健康、教育、科技、工业信息化、公安、财政、自然资源、住房城乡建设、商务、应急、文化旅游、金融、税务、市场监管、医疗保障等部门要各司其职，根据构建更高水平的全民健身公共服务体系的各项任务，研究制定配套政策和具体实施方案，及时解决工作中遇到的问题，形成齐抓共管、整体推进的工作格局。

三、充分激发地方积极性

各地要加强实施组织、协调和督导，在制定当地经济社会发展规划时充分做好衔接。县级以上各级人民政府要建立由当地人民政府主要负责，发展改革、体育部门具体牵头，相关部门积极参与的协调推进机制，明确责任分工，加强信息共享，注重发挥工会、共青团、妇联、残联等群团组织以及其他社会组织的作用，充分发挥民主党派、工商联和无党派人士作用，最大限度凝聚全社会共识和力量。

各地要将全民健身公共服务纳入当地国民经济和社会发展规划，作为一项重要的民生实事定期专题研究。各地要围绕构建更高水平的全民健身公共服务体系的战略目标、重大政策和重要改革任务等，提出本地区的具体方案和措施，分阶段、分步骤组织实施。要抓紧研究制定切实可行、操作性强的配套政策，尽快落地。各地要拜群众为师，向群众请教，对事关全局、涉及群众切身利益的重大事项，认真听取群众意见，切实维护群众的知情权、参与权、表达权、监督权。要尊重人民群众的首创精神，及时发现、总结、提炼来自基层的新鲜经验和先进典型，在广纳民智、汇聚民力中推进全民健身事业发展。

第二节　把握正确的方法论

围绕构建更高水平的全民健身公共服务体系，谋划制定好相关专项规划和政策文件，是把党中央决策部署落到实处的具体体现，是当前的重要任务，工作中要注意把握正确的方法。

一、充分体现全国一盘棋的思想

政策制定、规划编制的过程是统一思想认识、统筹利益关系的过程，必须坚持全国一盘棋，始终在大局下思考、在大局下行动。要以习近平新时代中国特色社会主义思想为指导，自觉对标对表党中央决策部署，吃透精神实质和各项要求。找准本地区本部门工作在全局工作中的位置，正确处理局部利益和全局利益、当前利益和长远利益的关系。加强工作统筹，协调推进国家和地方目标衔接、任务衔接、政策衔接，形成定位准确、边界清晰、功能互补的全民健身公共服务政策体系。

二、确定符合实际的具体目标任务

构建更高水平的全民健身公共服务体系，要坚持目标导向和问题导向相结合。研究全民健身相关政策、规划要兼顾需要和可能，既体现引领性和前瞻性，又注重务实性和操作性，不墨守成规、陈陈相因，也不主观臆想、好高骛远。各地要科学把握“十四五”时期我国经济社会发展的总体思路和共性要求，科学把握各地区的特点和差异，科学把握人民群众对全民健身公共服务的新期待，结合实际提出发展目标，因地制宜选择全民健身发展路径，既要坚持一定标准，又要防止好高骛远，做到各项指标和政策可量化、可落实、可考核，确保贴近实际、务实管用，更加适应时代要求、符合发展规律、反映人民意愿。要牢固树立正确政绩观，多谋划打基础、利长远的工作，坚决防止脱离实际的盲目攀比，坚决防止急功近利的短期行为，更不能搞劳民伤财的“形象工程”“政绩工程”。

三、保持连续性和稳定性

构建更高水平的全民健身公共服务体系是持续渐进的过程，相关政策的拓展性和创新性是以连续性和稳定性为基础的。制定各级各类全民健身公共服务政策，都要保持指导思想、发展理念、基本原则、重大举措的承接和连贯，增强政策的效力和可操作性。特别要注意克服因领导班子换届调整而使规划朝令夕改、来回“翻烧饼”的现象。只有树立“功成不必在我”的境界和“功成必定有我”的担当，坚持一张蓝图绘到底，一任接着一任干，才能在接续奋斗中不断书写发展新篇章。

四、加强调研论证

必须尊重科学、发扬民主，把加强顶层设计和坚持问计于民统一起来，深入调研论证，切实提高规划和政策的科学性与权威性。中央有关部门要有针对性地加强对地方的指导，注重发挥智库和专业研究机构作用，把专业思维、专业素养、专业方法体现到完善全民健身公共服务体系的全过程。要鼓励广大人民群众和社会各界以各种方式建言献策，使全民健身事业发展广泛汇集群众智慧、充分吸纳基层经验，坚决避免闭门造车、依样画瓢。

五、力戒形式主义、官僚主义

构建更高水平的全民健身公共服务体系，必须要克服形式主义、官僚主义，尤其要注意防范其隐形变异和新动向新表现。要结合本地区本部门实际，明确推动全民健身公共服务体系建设的时间表、路线图、任务书、优先序，把目标任务分解到部门、具体到项目、落实到岗位，决不能大而化之、笼而统之，更不能敷衍塞责、弄虚作假。要深入基层、深入一线，全面了解各项政策措施落实的实际成效，避免不接地气的“空中政策”和相互打架的“本位政策”。要把对上负责与对下负责统一起来，把群众是否高兴满意作为检验工作成效的根本标准，决不能做自以为领导满意却让群众失望的蠢事。要继续加强对“痕迹管理”和“指尖上的形式主义”的整治，持续精简各类文件会议，统筹规范督查检查考核，让基层干部有更多时间和精力心无旁骛抓落实。

六、鼓励探索创新

全民健身公共服务体系建设要取得成功，既需要高瞻远瞩、顶层设计，又要有基层创新、试点推广。加强全民健身公共服务体系建设，要鼓励基层创新，继续发扬敢闯敢试、敢为人先的精神，善于从群众关注的焦点、百姓生活的难点寻找改革的切入点，推动形成更加浓厚、更有活力的改革创新氛围。要善于抓正面典型，及时发现总结基层创新举措和鲜活经验，以点带面，推动改革落地。要善于运用抓典型的办法抓落实，宣传推广有益经验和做法，促进各地相互交流，取长补短，“美人之美、美美与共”。为鼓励各地探索创新，将在全国开展全民健身公共服务体系建设重点推进城市创建工作，鼓励各地完善体制机制，加大政策创新，实施一批适应群众需求、体现绿色智能导向、具有融合发展特征的示范工程。鼓励以需求为导向开展体育社会组织培育、赛事活动组织、场地设施建设、健身产品服务等方面创新，探索一批可推广、可复制的经验做法。

第三节　加强督促落实

习近平总书记强调：“要抓实、再抓实，不抓实，再好的蓝图只能是一纸空文，再近的目标只能是镜花水月。”一定意义上说，研究制定政策措施，是从客观世界到主观世界的过程，而贯彻落实则是从主观世界再回到客观世界的过程。只有狠抓落实，才能把党中央、国务院关于全民健身公共服务体系建设的理性认识转化为推动体育强国建设、满足人民日益增长的体育健身需要的强大物质力量。各地应当切实增强贯彻落实党中央决策部署的责任感使命感，坚持守土有责、守土负责、守土尽责，结合实际把各项任务举措细化好、落实好，以抓落实的实际成效诠释初心使命、体现责任担当、造福人民群众。

一、建立健全督促落实的工作制度

国家发展改革委、国家体育总局会同有关部门对各地落实情况进行监督检查和跟踪分析，确保各项任务落到实处，见到实效。建立责权统一的目标责任制度，构筑自上而下的各层次抓落实的目标责任体系，明确目标任务、工作内容、完成时限、执行单位和责任人。建立报告制度，重大问题及时向党中央、国务院报告。建立通报制度，国家发展改革委、国家体育总局适时对各地区、各部门贯彻落实《意见》情况进行通报，对落实工作抓得好的要表彰鼓励，对措施不得力、工作不落实的要督促整改。各地区、各部门也要建立督促检查情况通报制度。建立工作联系制度，建立健全督促检查工作联系渠道，形成便捷、畅通、高效的督促检查工作网络，加强督促检查工作经验交流、理论研究和宣传培训。

二、不断改进督促落实工作方式方法

根据工作任务的轻重、主次和缓急，制定督促检查工作计划，加强组织协调，及时沟通情况，充分发挥督促检查工作最佳效能。加强对督促检查情况的研究，对督促检查中发现的典型和经验，及时总结推广。对发现的矛盾问题要及时反馈，提出完善政策的意见和建议。各地区、各部门要主动接受、积极配合督查，注意与舆论监督、社会监督的结合，发挥政府网站作用，及时公开有关政府决策部署贯彻落实的情况，适时适度公开群众关注的热点难点问题解决的进展情况，回应群众的关切和诉求，自觉接受群众的监督。注重应用现代信息技术，提高督促检查工作效率。

后　　记

《构建更高水平的全民健身公共服务体系》编写工作在国家发展改革委党组书记、主任何立峰同志的直接领导下，国家发展改革委党组成员、副主任连维良同志，国家体育总局党组副书记、副局长王瑞连同志悉心指导，国家发展改革委社会发展司、国家体育总局政策法规司具体承担。

本书专门成立编委会，国家发展改革委社会司司长欧晓理同志，国家体育总局政法司司长褚波同志统筹负责全书编撰工作，国家发展改革委社会司彭福伟同志，国家体育总局政法司李志全同志牵头负责提纲设计、内容安排和全书统稿工作。顾严（第一章）、赵玉峰（第二章）、范宪伟（第三章）、唐聪聪（第四章）、王裕雄、张自如（第五章）、王兆红、许寒冰（第六章）、王雪莉、尚华（第七章）、陈世阳、刘佳（第八章）、纪竞垚（第九章）、鲍文涵（第十章）、曹原（前言、后记）等同志负责书稿具体撰写工作。李春芳、魏振勇、赵爱国、鲍文涵、何红宇、宋文经、裴广、张舒、曹原等同志负责内容审核把关。李莎莎、孙书伟、秦越、王晓阳、闫洪泽、姚华梁、刘涛、陈文斌等同志提供了相关素材并参与了书稿讨论。在本书编写过程中，中国宏观经济研究院社会发展研究所顾严、范宪伟等同志在修改编撰等方面做了大量工作，中国计划出版社李陵、赵超霖等同志为本书顺利出版做了很多努力。在此一并表示感谢。

受时间、经验、编者水平等因素影响，本书难免存在不足和疏漏之处。敬请读者批评指正。

本书编委会

2021年12月